R. Hartmann

Madagaskar und die Inseln Seychellen, Aldabra, Komoren und Maskarenen

weitsuechtig

R. Hartmann

Madagaskar und die Inseln Seychellen, Aldabra, Komoren und Maskarenen

ISBN/EAN: 9783956560699

Auflage: 1

Erscheinungsjahr: 2013

Erscheinungsort: Bremen, Deutschland

@ weitsuechtig in Access Verlag GmbH. Alle Rechte beim Verlag und bei den jeweiligen Lizenzgebern.

weitsuechtig

Der Weltteil Afrika

in Einzeldarstellungen.

V.

Madagaskar

und die Inseln

Seychellen, Aldabra, Komoren und Maskarenen

von

Prof. Dr. R. Hartmann.

1886.

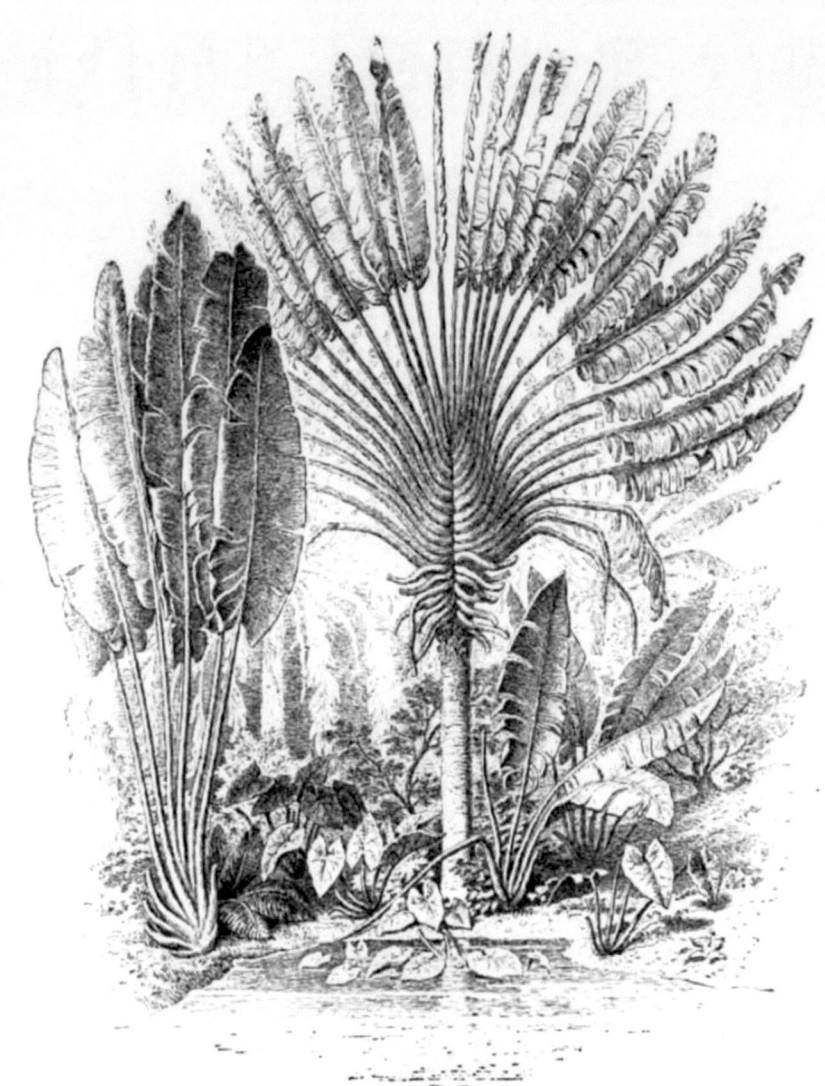

Rawenala-Gruppe.

Inhaltsverzeichnis.

  I. Madagaskar 1
 II. Die Seychellen 104
III. Albabra 112
 IV. Die Komoren 113
  V. Die Maskarenen 126

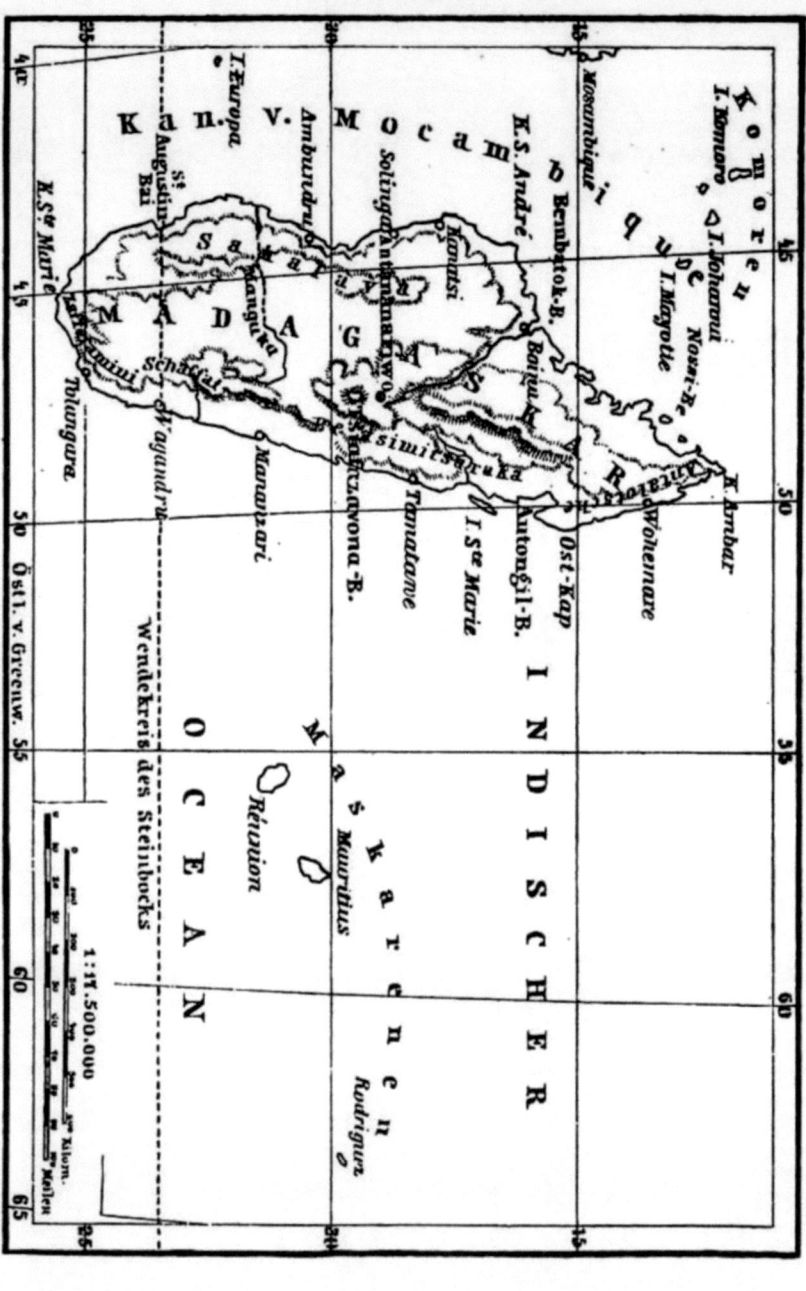

Karte von Madagaskar und den benachbarten Inseln.

I. Die Insel Madagaskar.

A. Allgemeine Schilderung ihrer Bodenverhältnisse und Produkte.

Madagaskar bildet (wenn wir von dem noch nicht vollständig erforschten Grönland absehen) die drittgrößte Insel der Erde. Sie umfaßt nämlich 591 563 qkm Flächeninhalt, wogegen Neuguinea einen solchen von 785 362 qkm und Borneo von 736 351 qkm aufweisen. Madagaskar hat etwa die Gestalt eines länglichen Trapezoides. Die Insel lagert, durch den Kanal von Mosambique gegen die afrikanische Ostküste abgegrenzt, östlich vor der letzteren, mit ihrer Längsaxe von NNO. nach SSW. sich erstreckend. Ihre Nordspitze befindet sich etwa unter dem 12., ihr Südende mit dem Kap Ste. Marie etwa unter dem 29.º südl. Breite. Ihre größte Queraxe reicht von Foulpoint im Osten bis nach der Coffin=Insel im Westen. Madagaskar gehört zu den sogenannten tektonischen Inseln F. G. Hahns; sie ist vom afrikanischen Festlande abgerissen und zwar, wie der ebenerwähnte Forscher annimmt, infolge einer durch Bewegungen in der erstarrenden Rinde stattgehabten Spaltbildung. Die ursprünglich Madagaskar vom Festlande trennende Spalte mag allmählich durch die Aktion der Meeresströmungen erweitert worden sein. Dies Gebiet scheint im Emporsteigen begriffen, ebenso die Inseln Mauritius und Réunion, wogegen die Seychellen und Komoren nach Peschels Ansicht dem großen

Senkungsgebiete zugehören, das sich von den Keeling-Inseln im Osten über den Chagos-Archipel bis hierher, also über den ganzen Indischen Ozean zu erstrecken scheint. Madagaskars Küstenbildung ist weniger tief eingeschnitten, wie diejenige mancher anderen großen Inseln, z. B. von Celebes, Borneo u. s. w. Indessen zeigen sich doch im Nordwesten selbst der erstern Insel einige fjordartige Einbuchtungen, so z. B. die Makambitra-, die Bembatok-, Mayambo-, Narinda-, Radama- und Pasandawa-Bai, im Nordosten ferner die Antongil-Bai, endlich eine Reihe unbedeutenderer, südlich von Tamatawe befindlicher Einschnitte der Küste. Gute Landungsplätze finden sich in dem Hafen Diego Soarez, zu Wohemar, Maroanzettra im Grunde der Antongil-Bai, zu Mawelona oder Foulpoint, zu Tamasina oder Tamatawe. Sonst existieren nur mehr offene Rheden, deren einzelne, wie Antalaha und Ngonsi, wenige oder gar keine Sicherheit gewähren. Die Schiffe können manchem der östlichen Küstenplätze nicht nahe kommen, sondern müssen auswärts ankern, wobei sie sich bei herrschenden Ostwinden sehr vor Havarien in acht zu nehmen haben. Im Norden zum Teil sehr felsig, zeigt sich die Küste im Süden meist flach und sandig. Längs der Ostküste erstrecken sich zwischen Tamatawe und Masindrano schmale Inseln, Nehrungen und Küstenlagunen, letztere mit teils sandigen, teils sumpfigen Umgebungen. Sie sind auch vielfach durch bald klare, bald sumpfige Wasseradern miteinander verbunden. Zwischen der Antongil-Bai und Fanoariwo ist das Meeresgestade recht klippenreich.

Nach Darwins Darstellung wird die südwestliche Küste von St. Augustine und mehr noch die nordwestliche Küste vor der Pasandawa-Bai von mächtigen Korallenriffen umsäumt. Sehr ausgedehnt ist das nordöstliche, auch die Insel Ste. Marie einschließende, sich zwischen Kap Amber und Tamatawe erstreckende Riff. Dr. Allan hat in den Jahren 1830 bis 1832 das auffallend schnelle Wachstum dieser riffbildenden Korallen vor Foulpoint auf experimentellem Wege nachgewiesen.

Madagaskars Binnenland ist teils bergiger, teils hügeliger oder ebener Natur. Das Innere läßt eine Depression, vielleicht den Rest früherer Erdbeben und Einstürze, erkennen. Das hiesige Gebirgsland erscheint nämlich in seinen Rändern höher als das von diesen eingeschlossene Gebiet. Die Abstiege dieser Ränder sind hier schroff, dort allmählich und fallen alsdann etagenähnlich gegen die Küste hin ab. Die beträchtlichsten Flüsse, unter denen der Betsiboka besonders hervorzuheben wäre, nehmen ihren Lauf von Osten nach Westen. Dabei ist übrigens die Ostküste keineswegs wasserarm. Ähnlich ihren meisten Nachbarn auf dem afrikanischen Festlande weisen die madagassischen Flüsse zahlreiche Fälle und Stromschnellen auf. Buet bildet den malerische Ansichten darbietenden Katarakt von Fihererrane ab. Manche dieser Wasserstürze erzeugen mitten im Urwalde Szenerieen, welche nach Deckens Zeugnis an diejenigen der üppigsten Tropenlandschaften Südamerikas und Südasiens erinnern könnten. Nur wenige der madagassischen Flüsse sind für größere Fahrzeuge, und das nicht einmal auf weite Strecken, schiffbar. Nach Sibree könnte der Betsiboka etwa auf 145 km Entfernung von seiner Mündung aus mit Dampfern von geringem Tiefgange befahren werden. Die östlichen Mündungen zeigen sich zum Teil durch große Sandbänke verlegt. In der trockenen Zeit erleiden diese Wasserläufe starke Verluste durch Verdampfung. An Seen ist kein Überfluß. Die größten sollen der Aloatra in der Provinz Sihanaka und der Itasi in Imerne sein. Jenem schreibt man eine Länge von etwa 42 km und eine Breite von 6—7 km zu. Auch führt man noch den Antsihianak und den Banumene als etwas beträchtlichere Wasserbecken auf.

Grandidier hat im Lande fünf Gebirgsketten aufgefunden. Die drei ersten werden voneinander durch Sandebenen oder durch trockene, von wenig tiefen Rinnsalen durchfurchte Hochebenen getrennt. Die beiden anderen, westlich vom 43.° 20′ östl. Länge (von Greenwich) gelegenen, bilden die von der Halbinsel Anurutsangane bis zum 22.° s. Br. sich erstreckende, 1000—1200 m hohe und noch eine andere, die Insel von Nord nach Süd durchschneidende, von Wohemar bis nach Fort Dauphin reichende Kette. Der beträchtlichere Teil dieser großen Insel ist ebenes oder hügeliges Land, von welchem sich jenes obengeschilderte Gebirgsland umschlossen zeigt. Die Höhe der madagassischen Gebirge ist keine sehr beträchtliche. Der höchste Berg der Ankaratra-Kette mag 3000 m erreichen. Nach dem Urteil der meisten Reisenden existieren übrigens Gebirgslandschaften von höchst malerischer Wirkung. Sibree verzeichnet eine vulkanische, wahrscheinlich in ununterbrochenem Zuge von Südost nach Nordwest und bis zur äußersten Nordspitze sich erstreckende Linie. „Es darf wohl angenommen werden," sagt jener Forscher, „daß diese vulkanische Strecke nur ein Teil jener großen Linie sei, die ihren östlichen Endpunkt in einem Vulkan auf der Insel Réunion hat, während das andere (nordwestliche) Ende durch die Komorengruppe geht, deren Inseln aus großen Massen hoch emporragenden vulkanischen Gesteins bestehen, und auf der Insel Großkomoro aufhört, wo sich, wie auch auf Réunion, ein noch thätiger Vulkan befindet. Es könnte fast scheinen, als wäre auf der dazwischenliegenden Strecke die Gewalt der unterirdischen Kräfte erschöpft; denn während sich an den beiden Endpunkten der Linie die Thätigkeit derselben gelegentlich noch fühlbar macht, ist auf Madagaskar selbst kein speiender Vulkan mehr vorhanden. Indessen müssen die leichten, fast alljährlich vorkommenden Erdstöße sowie die verschiedenartigen, heißen Quellen, die an vielen Punkten der Insel vorhanden sind, doch als Zeichen noch nicht ganz erloschener vulkanischer Kräfte betrachtet werden."

Westlich vom Itasy-See erstrecken sich große und kleine, kegelförmige Vertiefungen bildende, auch hufeisenförmige, an einer Seite mit (erstarrten) Lavaströmen besetzte Krateren, deren Zahl von Mullens auf 40 angegeben worden ist. Dieser Berichterstatter bestieg den Iwoko, ebenfalls ein erloschener Vulkan, dessen Krater $2/5$ km Durchmesser besaß. Rings umher befanden sich noch andere Krateren. Ein zweiter größerer Vulkan war der Jatsifitra. Überall zeigten sich daselbst Lavamassen und Aschenhalden. Mullens zählte überhaupt auf einem 144,8 km großen Bogen 100 Vulkane. Dieser Bogen umfaßte eine Seite der zentralen Ankaratra-Berge, in denen Campbell ebenfalls die unzweideutigen Spuren einer ungeheueren vulkanischen Wirkung wahrgenommen hat. Die an der Nordwestküste gelegene Insel Nossibe läßt gleichfalls derartige Spuren erkennen. Audebert sah auf einer Reise von Maroanzettra nach Antalaha den Kraterberg Ambatomitatao, welcher sonderbarerweise oben rot und unten weiß sein soll. Er gilt den Eingeborenen als heilig und enthält einen Kratersee. Letztere Art Gewässer ist überhaupt nicht selten und mit Fischen bevölkert. Hildebrandt erwähnt deren auch auf Nossibe. Der zuletzt genannte Reisende notierte die Meereshöhe des im Norden der Insel befindlichen vulkanischen Ambargebirges zu 530 m.

Nossibe besteht übrigens außer vulkanischen Gesteinen noch aus Gneis, Glimmerschiefer, Tafelstein und plastischem Thon, ferner aus rotem und gelbem, mit Gneis- und Quarzadern durchsetzten Sandstein. In den Sandstein- und Thonschieferlagern ist angeblich vorzügliche Braunkohle enthalten. Über die sonstige geognostische Beschaffenheit Madagaskars werden hoffentlich Grandidiers großartige Arbeiten einen genaueren Aufschluß gewähren. Der Grundstock der Gebirge scheint durchgängig aus Granit und Gneis gebildet zu werden. Im ersteren ist der Quarz zu mächtigen Adern abgesondert. Bergkrystalle sind häufig und zum Teil schön ausgebildet. Basalt findet sich in großen gebirgsartigen Anhäufungen und läßt nicht selten eine deutliche säulenförmige Absonderung sowie eine Beimengung von Olivierkrystallen erkennen. Der südwestliche Teil des Ankaratra-Gebirges enthält ein Lager kohlensauren Kalkes, dem auch Höhlungen voller Stalaktiten nicht fehlen. Man findet in den Klüften des Berggebietes Thone von tiefroter, hellroter, brauner und weißer Farbe, mit oftmals überraschender Abwechslung des Kolorites. Sie sind ohne Versteinerungen und von undeutlicher

Schichtenbildung. Roter Sandstein zeigt sich hier und da. Buckland beschreibt den „neuen roten", versteinerungslosen Sandstein von Port Louquez im Norden. Gelber Sandstein wurde von Vinson an der Ostküste, von Sibree am Betsiboka an der Nordwestküste beobachtet. Auf den Ebenen und in den Thälern erscheinen sekundäre, zahlreiche Versteinerungen bergende, angeblich dem unteren Grünsande angehörende Lager. Im Südwesten haben Grandidier und Hildebrandt die fossilen Reste von Flußpferden, Riesenschildkröten und von Straußvögeln aufgefunden.

Sibree berichtet von erratischen, über verschiedene Gegenden der Insel verteilten Blöcken, deren Ablagerung man mit Gletschern im Zusammenhang denken müßte.

Madagaskar scheint einigen Reichtum an nützlichen Mineralien zu besitzen. Eisenerze sind sehr verbreitet und zwar, wie es scheint, hauptsächlich in Form von Magneteisenstein. Audebert fand Erze dieses Metalles auf dem Hochgebirge, Sibree in der Provinz Imerne. Der Eisenkies liefert Schwefel. Roter Ocher ist sehr verbreitet. Außerdem hat man Silber, Kupfer, Antimon und Mangan gefunden. Graphit wird hier (wie am Schireflusse) zum Glänzendmachen der Thongeschirre benutzt. Sibree vermutet das Vorkommen von Gold in den Bergen. Steinsalz und Salpeter wurden streckenweis aufgedeckt.

Madagaskars Pflanzenwelt ist eine ebenso reiche wie mannigfaltige. Die ganze Insel zeigt sich von einem Streifen Urwaldes umsäumt, der eine durchschnittliche Breite von 25 bis 30 km besitzt. An einzelnen Stellen laufen zwei solcher Streifen nebeneinander parallel. Auch im Innern des Landes, namentlich gegen Norden hin, finden sich sehr ausgedehnte tropische Waldgebiete. Im Süden, welcher nach Audebert die Spuren einer eingreifenden Waldverwüstung erkennen läßt, existieren großenteils nur Buschdickungen und dichtbewachsene Grasgefilde. Sibree schildert einen guten Teil des madagassischen Gebirgslandes als eine traurig = öde, kahle Region. Grobes, in der trockenen Zeit vergilbendes Gras bedeckt die langen Erstreckungen der welligen Hügel. In den Thaleinschnitten wuchert dagegen auch hier der üppigste Wald.

Der Küstengürtel läßt mancherlei charakteristische Vegetationsformen erkennen, wie deren noch andere Meerstrandsgebiete des Indischen und Pazifischen Ozeans aufweisen. Hier entfaltet der Wakoa (Pandanus utilis) die Fülle seiner schwertförmigen, gezähnelten, mit ihren Scheiden eine Spiraltour beschreibenden Blättern (Fig. 1), der wohlriechenden Blüten und der Tannenzapfen ähnelnden, zahlreiche Keile voll fad-süßlichen Fleisches enthaltenden Früchte. Neben diesen finden sich noch andere Pandanus-Arten mit zum Teil stark veräftelten, unregelmäßig geringelten Stämmen, welche letzteren auf hohen, freistehenden Fruchtwurzeln schweben. An der Ostküste ist ein sehr zahlreich vorkommender Bewohner der Filao oder Keulenholzbaum (Casuarina laterifolia). Die überhängenden rutenförmigen Äste erinnern mit ihrer eigentümlichen Gliederung an unsere Schachtelhalme. Die Früchte bilden kleine schuppige Zapfen. Aus dem schweren harten, braun und grau gescheckten Holze verfertigen die Südseebewohner ihre Streitkolben. Ein häufiger erwähnter Krähenaugenbaum oder Strychnos (Brehmia spinosa) mit runden eßbaren Früchten erinnert mich an ein ähnliches Produkt (Strychnos innocua) der Bergwälder von Fasoglo (Bd. II, S. 77). Hier zeigten sich auch Aloës und eine gewisse Mannigfaltigkeit an Palmen. Der fächerblättrige Borassus flabelliformis ragt neben der Aniwona (Areca madagascariensis) der Sago- und Kokospalme hervor. Die Kokosnuß heißt hier Woa nio d. h. „diese Frucht da". Die Palme soll angeblich von weither gebracht und auf der Insel angepflanzt worden sein. Hildebrandt bezweifelt, daß dies von seiten malayischer Einwanderer geschehen sein könne. Er erzählt eine Sage, derzufolge ein Madagasse unter einer Kokospalme geschlafen habe. Da sei ihm eine reife Nuß auf den Kopf gefallen. Vor Schmerz laut schreiend, soll der Mann gefragt sein, wer ihm etwas gethan habe. „Woa

nio — diese Frucht da —" soll der Getroffene geantwortet
haben. Der Name Woa nio ist nun sowohl der Palme als
auch der Nuß geblieben. Die erwähnte Sagopalme (Metroxylon
elatum?) wird auf der Insel nicht zur Bereitung der nütz=
lichen übrigens hauptsächlich von zwei anderen Arten (M. laeve,
Rumphii) stammenden Mehlsubstanz benutzt. Auf alten Strand=
ebenen ragt die Sata (Hyphaene coriacea?), eine Verwandte
der im II. Bändchen so viel besprochenen Dompalme, mit etwa
5 Meter hohem, plumpen und zuweilen gegabelten Stamm über
saueren Gräsern hervor. Dichte Gehege von Winden (Ipomaea)
strecken sich über die Stranddünen hin, welche auch von Fett=
pflanzen (Mesembryanthemum etc.) bedeckt werden. Höheres
oder niederes Strauchwerk verleiht manchen der Streifen von
Küstenvegetation eine kaum zu bewältigende Dichtigkeit.

Auch hier machen sich die schon im I. Bändchen S. 14
kurz geschilderten Besäumungen der Küsten durch Mangrove=
Waldungen bemerkbar. Hildebrandt schreibt den seit lange an=
erkannten, düsteren, unheimlichen Eindruck derselben teils wohl
mit allem Recht einem Übermaß gleichförmiger Vegetation zu,
teils dem schwarzen Boden, welchem bei jedem Schritte Moder=
geruch entquillt, überdies noch der herrschenden Stille, die nur
durch das Rauschen des nahen, nimmer ruhenden Ozeans oder
durch das Gequak der Sumpfvögel unterbrochen wird. Im Boden
der hiesigen Mangrove=Waldungen wühlen riesige, sonderbar ge=
formte Krabben, während Schaltiere in dicken Haufen an den
Stämmen oder selbst an Blättern der Rhizophoren kleben. Der
oben erwähnte Beobachter hält die klimatischen Eigentümlichkeiten
Madagaskars, namentlich des Westens, für wenig geeignet, das
Wachstum zarterer Pflanzen zu begünstigen. Die lange Dürre
im Jahre läßt nur derbblättrige Gewächse gedeihen und die
schweren Regengüsse der nassen Zeit machen nur zähen Wurzel=
gebilden die Existenz möglich. Daraus erklärt unser Reisen=
der das fast vollständige Fehlen von eigentümlichen einjährigen
Kräutern und von zarten Farn im Westen des Landes. Unter

Fig. 1.

Baloa (Pandanus utilis). Küstenlandschaft.

Bäumen und Sträuchern herrscht die Lorbeerform vor, denen wieder Typen mit gefiederten Blättern beigemengt sind. Die für den afrikanischen Kontinent so ungemein charakteristischen Dornpflanzen sind hier nur selten.

Landein von der Strandzone werden häufiger steinige, unserer Geest oder Heide vergleichbare Strecken wahrgenommen. Hier entfalten sich nach Hildebrandt gesellige Arten mit dichtem, besenförmigem Wuchs, voll kleiner schmaler Blätter und mit reichem Blütenflor in Gelb und Rosenrot. Außer einigen Heidekräutern werden hier namentlich Kompositen — ganz besonders Immortellen — dann Fettpflanzen und Aloës wahrgenommen. Dagegen fehlen die Akazien.

An den Flußufern wuchern gemeines Schilfrohr (Phragmites isiacus), Rohrkolben (Typha) und der von den Howa Zozoro genannte Papyrus. An Hochmooren bemerkt man Moose, Bärlapp, Cypergräser, Wollgräser, Schwertlilien, gesellige Orchideen und Sonnentau. Auch Weiden, vielleicht Salix babylonica, finden sich hier. Im Wasser halten sich blasenartig aufgetriebene, schwimmende Algen, Wasserrosen (Nymphaea madagascariensis, berneriana, emirnensis) und die merkwürdige Uwirandrona. Dieser Name ist aus Uwi Knolle und Randrona, geflochten, zusammengesetzt. Die alte Bezeichnung Uwirandra beruht auf einer falschen Schreibweise. Es giebt in Ostafrika und auf Madagaskar verschiedene Arten dieser interessanten Wasserpflanze, von denen diejenige mit überall gitterförmig durchbrochenem Blatt, Poirets Uwirandra fenestralis, die merkwürdigste bleibt (Fig. 2).

Sobald der Nordwest-Monsun, der Spender belebender Feuchtigkeit, beständiger zu wehen beginnt, um Mitte November, bedeckt sich auch die vorher abgesengte Grassteppe mit weißen Pulsatillen, gelben Kompositen und mit Hartheu, mit blauen Lobelien, rosenfarbenen Vincas, lilafarbenen Erdorchideen, weißen Amaryllis und — überraschender Weise — mit unserem gemeinen Adlerfarn (Pteris aquilina). Veilchen und Vergißmeinnicht sprießen zwischen Bärlappgarben hervor. Später erst entwickeln sich die Steppengräser. Diese sind zum Teil von Winden und von Schlingfarn durchsponnen. Manche der Gräser quälen mit ihren spitzen, hakigen oder spiralen Grannen den Reisenden.

Hildebrandt schildert ferner als vermittelndes Glied zwischen Heide und Urwald den die Bergrücken bedeckenden Busch, welcher uns, allgemein physiographisch betrachtet, der südamerikanischen Braune des Waldes (Ceja de la montaña) zu entsprechen scheint,

Fig. 2.

Umirandrona von Madagaskar.

natürlich aber von dieser abweichende Vegetationsformen auf= weist. Ein solcher Busch wird von etlichen Hochlandbeständen unterbrochen, er durchzieht auch als Ufergehölz Heide und Gras= land. In dieser Zone herrschen Myrten= und Lorbeerformen mit unscheinbaren Blüten vor. Indessen mischen sich doch auch weichblättrige, mit schönen Blüten geschmückte Kompositen, Schmet= terlingsblütler, Melastomen u. s. w. bei. Im Schatten des Busches gedeihen Lippenblütler und Rubiaceen. An den buschigen Fels=

gehängen sind kahle Äste mit grauen Bastflechten besetzt. Unter den wenigen Dornpflanzen werden Smilax, sowie gute Früchte tragende Himbeeren und Brombeeren beobachtet.

In dem inneren Hochlande der Insel nimmt Urwald einen bedeutenden Flächeninhalt ein. Streckenweise hat auch hier planlose Waldverwüstung große Bestände gelichtet. Audebert schreibt dem madagassischen Urwald einen ernsten und fast düsteren Charakter zu. „Die allgemeine Färbung ist ein dunkles Grün, und im Innern herrscht eine tiefe Dämmerung, da die Sonne nicht durch das dichte Blätterwerk zu bringen vermag. Die meisten Bäume haben erst an ihrer Spitze Äste, welche zugleich die Krone bilden". Obwohl es nicht an farbenprächtigen, blühenden Bäumen und Gesträuchen fehlt, oder an solchen, welche leuchtende gelbe oder rote Blätter tragen, so kommt dieser Glanz doch inmitten des Urwaldes nicht recht zur Geltung, da in dem dichten Gewirre die schönsten Pflanzen weniger sichtbar sind und oft durch stürzende tote Waldriesen ganz überdeckt werden. „Das Bild der Verwüstung und des Todes", sagt Audebert weiter, „läßt das Leben nicht so frisch und kräftig hervortreten. Die toten Äste der abgestorbenen Bäume starren allenthalben zwischen ihren lebendigen Brüdern hervor, so daß wir den in voller Kraft und Frische stehenden Baum kaum in seinen Umrissen erkennen können und kein rechtes Bild von seiner Schönheit erhalten. Da die Natur der Pflanzen mit Rücksicht auf die Ernährung der zahlreichen Waldbewohner eine verschiedene ist, so kann der Urwald niemals das einheitliche Gepräge frischen Lebens und sprossender Kraft tragen. Mancher Baum steht kahl und traurig da, während sein Nachbar frisch blüht oder Früchte trägt, kurz gesagt, während für den einen der Frühling kommt, ist für den andern Winter. Wenn auch nicht alle Bäume ihre Blätter verlieren, so giebt es doch für Alle eine Zeit des Stillstandes oder der Ruhe und dann sehen sie immer matt und unschön aus. Mancher, der den Urwald zum erstenmal erblickt, mag sich enttäuscht fühlen beim Anblick dieses Chaos von Tod und Leben, wo das Lebende in enger Umarmung mit dem Sterbenden ringt; sind aber die falschen Vorstellungen erst überwunden, so bleibt auch für ihn der Urwald ein mächtig ergreifendes Bild des großartigen Schaffens ewiger Naturkraft.

Eingehender und in freudigeren Farbentönen malt uns der kenntnisreiche Botaniker Hildebrandt, die Art und Weise des madagassischen Urwaldes. „Gegen das satte Blattgrün der schweren permanenten Laubmassen heben sich, in scharfem Kontraste, die freudig=bunten Zinken der eben ausgeschlagenen Zweigspitzen ab. Hier wölbt sich eine riesige schneeweiß= oder rosablumige Schirmkrone, gleichsam eine einzige Blüte; dort spannen Festons feuerroter Lianen von Wipfel zu Wipfel; andere Schlingpflanzen drapieren wie zartgewobene Vorhänge in Goldgelb, Weiß und Lila die Säulenstämme des Waldrandes. Am wildrauschenden Gebirgsbach erhebt sich, zehn Meter darüber, aus vielerlei niedrigeren Farngestalten der Baumfarn, gleichsam eine Märchenkönigin unter den Pflanzen, das zartweibliche mit der Majestät vereinend. Daneben wuchern Fiederpalmengebüsche und stachelblättrige kandelaberästige Pandanus=Bäume, sowie die prächtigen Blattbüschel mehrerer Cordylinen, welche den Eingeborenen heilig sind.

In solchen dumpffeuchten Schluchten entwickeln sich auch die baumbewohnenden Orchideen am üppigsten. Die Kolosse unter ihnen, wie Angraecum sesquipedale (Fig. 3), finden sich aber erst in tieferen Regionen. Kleinblütigere Angraecum, Bulbophyllum u. s. w. sind jedoch in mehreren Arten vorhanden. Ihre Blütenfarbe ist vorherrschend fahlgelb und weiß. Den der Baumrinde nur angehefteten Orchideen und Bryophyllen zum Verwechseln ähnlich erscheinen die dem Stamme selbst entspringenden Blütenstände einiger Bäume des Waldinnern. Die Schößlinge eines andern Holzgewächses (Araliacea?) ahmen täuschend die Wedelrosette eines Platycerium nach. Auch ist in einiger Entfernung das zierliche Blattwerk eines kleinen Bambus von dem einer danebenstehenden zwergigen Palme kaum zu unter=

scheiben. Das Stämmchen der letzteren ist selten über 1,5 m hoch und nur kleinfingerdick. Wie in allen Gebirgsurwäldern der Tropen sind Farne, Lykopodien, Moose und Flechten in großer Artenzahl vorhanden. Die Gefäßkryptogamen fruktifizieren in dieser Jahreszeit (Frühling) meistens noch nicht, dagegen bieten sich Moose und Flechten in reichhaltigster Auswahl dem Samm= ler dar. Einige Flechten und Algen sind nur während weniger, besonders regenreicher Tage voll entwickelt. Wie ein Bade= schwamm saugen sie dann das Wasser ein und die zierlichsten Fruchttellerchen erheben sich aus der schleimigen Masse. Hört der Regen auf, so trocknen sie zu einem dürren Häutchen ein, das der Wind verweht."

Madagaskar besitzt außer den schon beschriebenen noch einige Baumgebilde, welche entweder dekorativ in der Landschaft wirken, oder sich segensvoll für das menschliche Leben erweisen. Obenan steht die herrliche Fächerbanane Rawenala (Urania speciosa). Sie findet sich auf Ebenen, an Berggehängen, in Schluchten sowie in Thalniederungen und verlangt nicht immer feuchten Boden. Erwachsene Exemplare treiben einen ziemlich hohen Stamm voller Blätternarben. Die Blattstiele sind an ihrem Grunde scheidenartig erweitert und stehen einander zweireihig gegenüber. Die schönen breiten, an ihren Rändern vielfach ein= gerissenen Bananenblätter bilden an der Stammhöhe eine un= geheure, fächerförmige Krone (Titelbl.). Die meisten Blüten, jede in einer zweiblättrigen Kelchscheide, brechen zu 10—12 hinter= einander aus den Blattwinkeln hervor und erzeugen hörnerartig gekrümmte Fruchtkapseln mit bohnengroßen Samen. Junge Exem= plare zeigen die aus dem Wurzelstock an langen Stielen auf= schießenden Blätter (Figur), deren Eindruck dann ein sehr an= genehmer ist, wenn ihre Ränder nur noch wenig vom Winde zerzaust erscheinen. Die Rawenala wird seit alters „Baum der Reisenden" genannt. Jeder Blattstiel enthält nämlich eine an seiner Oberseite befindliche, sich gegen die Stielscheide hin erweiternde Rinne, in welcher sich das Wasser der feuchten

Fig. 3.

Angraecum sesquipedale und Farn.

Niederschläge ansammelt und daselbst lange Zeit hindurch frisch und genießbar erhält. In wasserärmeren Gegenden ist dies von großer Bedeutung für reisendes Volk. Übrigens liefern die Teile der Rawenala verschiedenartige Materialien zu bautechnischen Zwecken. Am Fuß der Stämme wuchern nicht selten riesige, 10—12 Fuß hohe Aronstauden, Wia genannt, mit den mächtigen Blättern und eßbaren Wurzeln (Titelbl.).

Ein anderes interessantes, monokotyledonisches Pflanzengebilde ist die in feuchter Umgebung auch der höheren Landesteile

Fig. 4.

Raphia=Palmen.

wachsende Rufia (Raphia ruffia), eine etwa 60—70 Fuß hohe Palme. Ihr nicht sehr hoher, von abgeschnittenen oder vertrockneten Blattstielen starrender Stamm treibt sieben bis zehn riesige Fiederblätter mit sehr dicken stachligen Stielen (Fig. 4). Die Blüten wachsen in sechs und mehr Fuß langen, zwischen den Wedeln hervorsprießenden Kolben hervor. Diese Fruchtkolben erreichen ein Gewicht von 200—300 Pfund Schwere. Die Früchte selbst sind rundlich=oval und mit glänzend gelblichbraunen, denen eines Tannenzapfens ähnlichen Schuppen bedeckt. Die Rufia=Palme ist ein für die Textilindustrie der Madagassen sehr wichtiger Baum. Auf unserer Insel findet sich ferner ein Verwandter des festländisch-afrikanischen Affenbrotbaumes oder Baobab (Bd. I, S. 17, Bd. II, S. 56), die von A. Grandidier entdeckte Bontona oder Mosombarika (Adansonia madagascariensis), mit glänzend dunkelbrauner Rinde und großen, schön roten Blüten. Dieser Baum ist ein Bewohner des Hochlandes. Seine kleinen Früchte sollen eine Lieblingsnahrung der Halbaffen bilden. Bambusrohr, diese Zierde und dieser Segen tropischer Länder, ist auch in den hügeligen und bergigen Regionen Madagaskars sehr verbreitet. Es kommen hier mehrere Arten dieser malerischen Baumgräser vor, unter denen die 10—15 m hohen Nastus borbonicus, Bambusa Thouarsii, Schizostachyum parviflorum, Cephalostachyum Chapelieri und Beesha capitata die häufigsten sind. Auch finden sich lediglich auf Bäumen wachsende, dünnhalmige, an die Chusqueen des tropischen Amerika erinnernde Formen solcher edlen Gramineen. Von diesen Gewächsen wird hier ein ähnlicher ausgiebiger Gebrauch gemacht, wie in verschiedenen Gegenden Ostindiens.

Fast noch merkwürdiger, noch mehr durch auseinanderweichende und seltsame Formen überraschend, als die Pflanzenwelt, erscheint die Fauna Madagaskars. Wir stehen angesichts der letzteren vor einem Rätsel der Tiergeographie. Ehe wir nun den schwachen Versuch unternehmen, in die Geheimnisse dieser anscheinend verworrenen, in Bildung und Verbreitung barocken Lebewelt im Gegensatz zu anderen Faunen einzudringen, sei es uns gestattet, erst einen kurzen Blick auf die charakteristischsten Tiere der großen Insel zu werfen.

Zu den wunderbarsten Vertretern der madagassischen Tierwelt gehören unstreitig die Halbaffen (Lemuridae), deren lebende Gattungen und Arten über das afrikanische Festland, über die Inseln und über Ostindien verbreitet sind. Sie erscheinen ihrer ganzen Organisation nach von den eigentlichen Affen verschieden. Der ihnen zugehörende Fuß mit der entgegenstellbaren großen Zehe ist noch manchen anderen Tieren eigen, während ihre sonstige

Lemur diadema in verschiedenartiger Körperhaltung.

Organisation durchgreifende typische Unterschiede von den Affen erkennen läßt. Sie gehören nach C. Vogts vorzüglicher Darstellung zu den ältesten uns bekannten Säugetieren der Tertiärzeit, die eine nähere Beziehung zwischen ihnen und den Affen

Fig. 6.

Eichhornmaki.

wie auch Menschen (diese ist von neueren Forschern so oft in den Vordergrund gestellt), keineswegs erkennen lassen. Sie sind vorzugsweise Baumtiere, vermögen sich aber auch, aufrecht stehend und wie Kängurus auf den Hinterbeinen hüpfend, ziemlich schnell von bannen zu bewegen (Fig. 5), wobei den langschwänzigen

2*

Arten der Schweif wie eine Art Balancierstange dient. Letztere
Fähigkeit zeigt sich selbst beim madagassischen Zwergmaki oder
Microcebus entwickelt. Diese Tiere bewohnen Baumhöhlen oder
bauen eine Art Nester. Sie leben teils von Pflanzenkost, teils
von Insekten, von Vögelchen und deren Eiern, von Eidechsen u. s. w.
Sie sind teils Tagestiere, teils lieben sie nur das nächtliche
Umherwirtschaften, wobei sie sich gern zusammenrotten und sehr
verschiedenartige Töne von sich geben. Zu solcher Zeit ver=

Fig. 7.

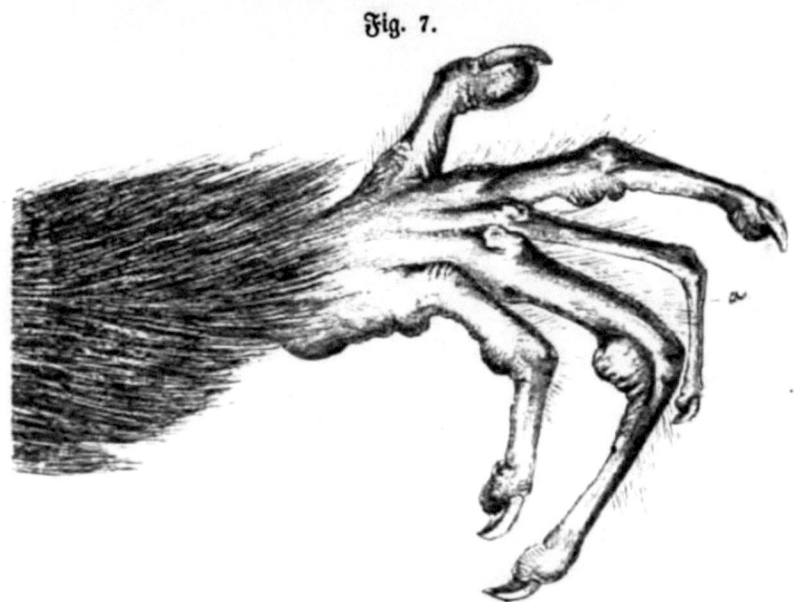

Rechte Hand des Eichhornmaki. a Der dritte dünne Finger.

breiten ihre großen Augen, wie ich selbst an lebenden Makis
beobachtet habe, den hellen Glanz eines selbst schwach reflektierten
Lichtes mittelst ihrer äußerst entwickelten Leuchtmembranen
(Tapetum lucidum). Sie sind gerade bei Nacht unruhig und
unternehmend. Zu den hervorragendsten Halbaffen Madagaskars
gehören der niedliche Katzenmaki (Chirogaleus furcifer), die
stummelschwänzigen, fast meterhohen, schwarz= und weißbunten
Indris (Lichanotus), der großohrige, nagezähnige, mit spindel=

dünnem dritten Finger der Hand ausgerüstete Aye-Aye oder Eichhornmaki (Chiromys madagascariensis) (Fig. 6 u. 7). Dieser dünne, langkrallige und kurze Mittelfinger dient dem Tiere dazu, aus den mittelst des meißelförmigen Gebisses vergrößerten Baum- und Bambusrohrspalten die darin versteckten Insekten oder deren Larven herauszugraben. Recht graziös ist auch die in Fig. 8 abgebildete Form, deren Kenntnis wir dem verdienten Pollen verdanken. Alle Makis haben übrigens ein sanftes zähm-

Lepilemur mustelinus.

bares Naturell. Man erzählt sogar, daß der große Babakoto (Lichanotus Indri) zur Jagd auf Vögel abgerichtet werde. Der Eingeborene hält diese netten Geschöpfe meist zu seinem Zeitvertreib, muß sie aber stets sorgfältig anbinden, da sie sonst trotz aller ihrer Zutraulichkeit leicht entwischen.

Unter den Insektenfressern ragen neben weniger interessanten Spitzmäusen die Borstenigel, Tandrek oder Tenrek (Centetidae) hervor, Verwandte der westindischen Schlitzrüßler

— 22 —

oder Solenodonten. Jene Tenreks machen im ganzen den Eindruck langgestreckter, schlanker, igelartiger Tiere mit höheren Hinter- als Vorderbeinen, langer rüsselartiger Schnauze und stachliger Borstenbekleidung. Diese wächst an den hinteren Körperteilen besonders lang hervor. Die Tenreks kugeln sich bei Gefahr nicht zusammen, wie dies unsere Igel thun, sie sträuben jedoch die kräftigen Stachelborsten ihres Hinterteils gegen

Fig. 9.

Frettkatze (Cryptoprocta ferox).

attackierende Hunde u. s. w. empor. Sie vertilgen allerhand Insekten. Zur trocknen Zeit verfallen sie in den verschiedenen Tropentieren eigenen Sommerschlaf. Die Hauptfarbe der Tendreks ist gelbbraun. Über den Rücken verlaufen dunklere oder weißmelierte Querbänder. Ihr fettes, saftiges Fleisch wird von den Eingeborenen hoch geschätzt. Man unterscheidet mehrere Tenrekarten, unter denen eine mit spitz-borstigem

Schwanzrudiment versehene Art (Centetes setosus) besondere
Aufmerksamkeit verdient, während andere angebliche Spezies
noch zweifelhaft bleiben. Sibree traf die Tenreks in den Wäldern
und besonders auf den mit vereinzeltem Gebüsch und mit Farn=
kräutern bewachsenen, abgeholzten Stellen dicht am Walde an.

Die Raubsäugetiere Madagaskars weisen einige charakte=
ristische Formen auf, unter denen die größte und wildeste Art,
die Frettkatze (Cryptoprocta ferox), dort Pintsala oder Kintsala
genannt, nach Ansicht einiger Forscher den Übergang von den
Katzen zu den Zibettieren oder Viveren vermitteln soll. Sowohl
der längliche, stumpfschnauzige Kopf, dessen knöcherner Bau, wie
auch die kurzen aber kräftigen, mit zurückziehbaren Krallen ver=

Fig. 10.

Sohle des Vorderfußes einer Frettkatze.

sehenen Beine erinnern an eine Katze, wogegen der langgestreckte
Körper, der an der Wurzel dicke, gegen die Spitze hin sich ver=
jüngende Schwanz (Fig. 9), die nackten Sohlen (Fig. 10), die
ungewöhnlich langen Spürhaare und eine am After befindliche
Drüsentasche uns an Viveren mahnen. Indessen nähert sich
das Tier den Katzen so sehr, daß Grandidier und Milne Edwards
vorgeschlagen haben, daraus eine besondere Familie der katzen=
artigen Sohlengänger zu bilden. Der dicht= und schwellend=
behaarte Pelz ist schön braungelb gefärbt. Man hält die Frett=
katze in ihrer Heimat für ein sehr gefährliches Geschöpf, trotzdem
dasselbe sich nur an kleinere Säugetiere und an Vögel zu
wagen pflegt.

— 24 —

Die echten Zibettiere haben ihre Vertreter in den Fossa (Genetta fossa) und noch in einer anderen Art, einer nahen Verwandten der afrikanischen Genetten oder Ginsterkatzen.

Marderartig sind die niedlichen Wantsiren oder Voutsiras (Galedia olivacea, concolor und Galidictis striata, vittata). Mitten zwischen diesen ebenerwähnten Gattungen steht nach Gervais' Urteil ein gelbbraunes, mit breitem Kopf und sehr

Fig. 11.

Potamochoerus Etwardsii.

spitzer Schnauze versehenes Raubtier (Eupleres Goudotii), welches mit Vorliebe Insekten vertilgt.

Sibree und Andere führen noch eine wilde Katze als ein in vielen Gegenden der Insel sehr häufig vorkommendes Tier auf. Dies soll schön gestreift und dem zahmen Geflügel sehr verderblich sein. Nach der Ansicht verschiedener Forscher ist diese Katze ursprünglich auf Madagaskar nicht heimisch, was freilich von Sibree bestritten wird.

Unter den nichtwiederkäuenden Huftieren fällt das dem ostafrikanischen Larvenschweine (Potamochoerus larvatus) nahe verwandte Wildschwein (Potamochoerus seu Choeropotamus Edwardsii) durch seine gedrungene Gestalt, sein grobborstiges Haarkleid, seine breiten in einen schmalen Haarpinsel endenden Ohren, durch seine knolligen Auswüchse zwischen Auge und Rüssel, endlich durch den langen erst an seinem Ende quasten-

Fig. 12.

Kleines fossiles Flußpferd von Malta vorn, dahinter das gemeine rezente Flußpferd Afrikas (Hippopotamus Amphibius).

förmig behaarten Schwanz sehr auf (Fig. 11). Dies Schwein wird hier nach Waters: Lamboneiwe genannt. Es bewohnt die Niederungen. Derselbe englische Sammler bemerkt, daß das größere Wildschwein der Berggegenden Lambohawa genannt werde. Vermutlich handelt es sich hier höchstens um rein örtliche Bezeichnungen einer und derselben Tierart. Nach Sibree lebt das Larvenschwein nur in den Wäldern, gräbt den Boden nach

Wurzeln auf und fügt allen nahe den Waldungen gelegenen Pflanzungen großen Schaden zu.

Merkwürdigerweise sind von Grandidier und Hildebrandt in den subfossilen Schichten des Südwestens Reste einer kleineren Flußpferdart (Hippopotamus Lemerlii) aufgefunden. Man hat diese Entdeckung für die Idee von einem noch spät stattgefundenen Zusammenhange zwischen Madagaskar und dem afrikanischen Festlande auszubeuten gesucht, hat dabei aber außer acht gelassen, daß auch im zentralen Ostindien, auf Malta, Sizilien, auf dem italienischen Festlande, in England u. s. w. zahlreiche fossile und subfossile Flußpferdreste ausgegraben worden sind. Auf der afrikanischen Westküste lebt noch heute ein kleines Flußpferd (Hippopotamus liberiensis), welches sich vielleicht einstmals bis nach Malta und nach Sizilien hin erstreckt hat, nach Inseln, deren Hippopotamusreste ebenfalls kleinen oder doch höchstens mittelgroßen Arten angehört hatten (Fig. 12).

Die einheimischen Nagetiere sind weder zahlreich noch besonders interessant, dagegen hat sich die allgemeine menschliche Plage, die Wanderratte (Mus decumanus), welche kaum das unbedeutendste Eiland des Stillen Ozeans verschont, auch hier in großen Scharen eingenistet.

Die madagassische Vogelwelt bietet recht interessante Formen dar. Unter den Raubvögeln ragt ein kleiner zwar unscheinbar gefärbter, mattgebänderter, übrigens aber hübsch geformter Adler (Eutriorchis astur) mit elegantem Schopf und langem Schwanz hervor (Fig. 13). Weihen- und Falkenarten (Falco concolor, Newtoni, punctatus, gracilis, Nisus Lantsii, Baza madagascariensis) beleben verschiedene Gegenden. Neben einem der Insel eigentümlichen Schuhu (Bubo Madagascariensis), hier Worongongkong genannt, zeigen sich eine Sumpfohreule und unsere gemeine, übrigens kosmopolitische Schleiereule. Gewisse zum Teil recht hübsch gefärbte und auch gut singende Vogelgattungen wie Bienenfresser, Honigsauger, Sänger, Sperlingsvögel sind der Insel eigentümlich, und hat diese sie mit benachbarten Inseln und selbst mit dem afrikanischen Festlande gemein. Dasselbe ist übrigens mit einigen Tauben= und Wad=

Fig. 13.

Eutriorchis astur.

vögeln der Fall. Glänzend in der Farbe zeigt sich ein Honig=
sauger (Nectarinia Coquerelii). Das Männchen von Philepitta Jala hat eine grüne, langzipflige Wachshaut. Ein sehr

schönes Tier mit langen Steuerfedern ist der Fliegenschnäpper, Muscipeta mutata. Den Staaren nähert sich der possierliche weißköpfige Wurunzaza (Falculia palliata) und der mit gebuckeltem Schnabel versehene Euryceros Prevostii. Zu den Würgern gesellen sich die weiß- und dunkelgrün gefleckte Banga curvirostris und die Bangabicolor. Zwischen Kuckucken und Raken steht das oben kupfergrüne, unten fast weiße, mit schwarzem Schnabel und roten Füßen versehene Leptosoma discolor. Eine Taube (Ptilepus Scanzonii) zeichnet sich durch weißen Kopf, stahlblauen Hinterkörper und rote Wachshaut aus. Im Südosten des Landes finden sich niedliche kleine Rallen (Zapornia Watersii), im Innern Frankolinhühner (Pterocles personatus), im Südosten Wachtelvögel (Turnix nigricollis). Neben einem hübschen, sehr großfüßigen Taucher (Podiceps Pelzelni) tummeln sich schön gefärbte Wasserhühner und Goldschnepfen. Sibree rühmt den ungeheuren Reichtum der zum Teil marschigen Provinz Antsihanaka und des Itasy-Sees an Enten, an Krick-, Moschusenten, an Wasserhühnern, Strandläufern, Reihern, Störchen, Ibisen, Tauchern u. s. w.

Im Süden der Inseln finden sich versteinert die Reste eines straußartigen Vogels (Aepyornis maximus), welcher etwa die Größe des afrikanischen Straußes, aber dickere, plumpere Beine wie dieser, gehabt haben muß. Man hat auch Eier dieses Riesenvogels aufgesammelt, deren Längsdurchmesser mehr als 300 mm betrug. Wallace glaubt, daß der Aepyornis noch vor ca. 200 Jahren gelebt habe. Auf diesen Riesenvogel nehmen wahrscheinlich die Sagen vom Vogel Roch oder Rukh der arabischen Märchen, die Erzählungen des Seefahrers Sindbad rc. Bezug. Außer dem Aepyornis hat es hier noch andere kleinere Laufvögel gegeben, die in gewissen verwandtschaftlichen Beziehungen zu den neuseeländischen Moa's (Dinornis) gestanden haben.

Die Reptilien und Amphibien der Insel weisen sehr merkwürdige Formen auf, unter denen mehrere Amerika eigentümliche Arten vertreten sind. Die Schildkröten zeigen sich

Fig. 14. Kopf des madagassischen Krokodils, von der Seite und von oben gesehen.

ziemlich zahlreich, namentlich sogenannte Moorschildler (Pelomedusa galeata) und die Dosenschildkröten oder die Vorderbrustklapper (Pyxis). Letztere besitzen ein in zwei Teilen gegeneinander bewegliches Brustschild. Der Hauptvertreter der Panzereidechsen, das Krokodil, ist über Madagaskar weit verbreitet. Grey hat das Tier unter der Bezeichnung Crocodilus Madagascariensis als besondere Art beschrieben. Er bezeichnet dasselbe als mit schlankerer, längerer Schnauze wie das Nilkrokobil und mit einer jeseitigen, schmalen Leiste seitwärts von der Mittellinie der Schnauze, versehen. Die Seiten des Unterkiefers sind falbbunt, mit unregelmäßigen schwarzen Flecken getüpfelt (Fig. 14). Es frägt sich ob eine solche Unterscheidung Berechtigung behalten darf. Sibree sah auf einer den Betsiboka=Fluß abwärts führenden Reise an einem Tage über 100 Krokobile, was allerdings die Erfahrungen des Schreibers dieser Zeilen in den krokodilreichsten Gegenden des blauen Niles. weit übertrifft. Derselbe Reisende erzählt von einem kleinen Vogel, der sich von den Parasiten des Krokodils nähren und dasselbe vor jeder ihm drohenden Gefahr warnen soll. Vermutlich ist das der niedliche, stets geschäftige Begleiter auch der ostafrikanischen Panzereidechsen, der den Ägyptern heilig gewesene Regenpfeifer (Hyas aegyptiacus). Das madagassische Krokodil scheint ein recht gefährliches Reptil zu sein, gegen dessen perfides Gebahren sich die Eingeborenen beim Wasserschöpfen durch ihre in den Fluß hineingebauten Stockaden zu sichern suchen. Die etwa 80 mm langen, 50 mm dicken, rauh= und weißschaligen Eier werden auf die Märkte gebracht. Im afrikanischen Festlande schreckt der widrige, halb fischige Duft des Dotters von dessen Genuß ab.

Unter den Schlangen wurden die Gattungen der Baumnattern (Herpetodryas) der kegelköpfigen Baumschlangen (Philodryas) und Verschiedenzähner (Heterodon) außer auf unserer Insel nur noch in Süd= und in Nordamerika beobachtet. Die sonderbaren Nasenschlangen (Langaha nasuta) zeigen am Schnau=

zenende einen beweglichen mit spitzigen Schuppen besetzten Ansatz. Aus der Familie der Riesenschlangen kommt hier die Gattung Sanzinia vor. Ihr wird die Fähigkeit zugeschrieben, nicht allein größere Säugetiere, wie Ochsen, sondern selbst Menschen zu töten. Erstere Angabe beruht auf Übertreibungen, welche fast allen Berichten über sogenannte Riesenschlangen anzuheften pflegen, wogegen auch nicht abgeleugnet werden darf, daß in die Enge getriebene Felsenschlangen und deren Verwandte gelegentlich die sie anfallenden Menschen zu umschlingen und ihnen die Glieder zu zerbrechen vermögen. Zu ihrem Glück wird die Insel von den furchtbaren Giftschlangen Afrikas, den Nashornvipern, Puff=addern, Hornvipern, Brillenschlangen u. s. w. verschont.

Die sehr gestaltenreichen Eidechsen unseres Gebietes sind zum Teil afrikanischen Ursprunges, wie die Dreizeher (Seps), die Skinke (Euprepes) u. s. w., zum Teil sind sie, wie die Blattfinger (Phyllodactylus) sowohl amerikanisch als auch australisch.

Man bemerkt ferner Chamäleone (Chamaeleo tigris, dilepis etc.). Frösche, Laubfrösche und Kröten sind zahlreich.

Nicht allein die madagassischen Küsten, sondern auch die Flüsse dieser Insel beherbergen eine reiche Zahl zum Teil sehr schön gefärbter Salz= und Süßwasserfische. Hier im seichten Wasser lockt, wie an anderen tropischen Küsten, ein sich auf seine armartigen Vorderflossen gleich einem Batrachier aufstützender und bei Annäherung von Menschen froschartig davonspringender Schlammhüpfer (Periophthalmus Koelreuterii) den Sammler herbei.

Die Küstenlandschaften der Insel zeigen sich reich an den zum Teil sonderbar geformten, gewöhnlichen Schaltieren des Indischen Ozeans. Auf dem Lande kommen einige interessante Arten von Schnecken vor. Die 80 mm im Durchmesser des sehr schön gezeichneten Gehäuses haltende Helix cornu-giganteum von Efongo, die ein gelbes, prächtig purpurbraun ge=bändertes Gehäuse bauende, 20 mm lange Farafanga (Helix eurycratera), die hübsche Helix Cowanii und die 40 mm große

Helix betsileonensis von Betsileo erscheinen neben hervorragenden Arten der verwandten Gattungen Clausilia, Bulimus, neben Thürschnecken (Cyclostoma), großen Faustschnecken (Ampullaria madagascariensis), den im Sumpf steckenden Spitzhornschnecken (Limnaeus Hovarum, electa) u. s. w.

Die Insektenwelt der Insel läßt uns einige schöne Schmetterlinge erkennen, so den tiefblauen Radama-Falter von Mahabilu, einen farbenprächtigen Spanner (Urania riphaea), sowie den 160 mm Flügelbreite messenden Spinner (Actias Cometes) mit großen bunten Augenflecken, die hübschen Salamis Duprei, S. Augustinae u. s. w. Auch von diesen Formen sind einzelne amerikanisch.

Nach Vinson spinnen sich die Raupen vieler madagassischer Schmetterlinge, namentlich der Provinz Imerne in sehr feste und dabei feinfasrige Kokons ein, so z. B. Bombyx Radamae und B. Diego. Wirklicher Seidenspinner ist aber der auf der Strauchbohne (Cajanus flavus) lebende Ambariwatry (Borocera cajani), welcher den Howas eine feste, schwere, graue Rohseide liefert. Man sagt dieselbe vermöge dem Jahrhunderte alten Grabesmoder der mit ihr umhüllten Leichen zu trotzen. Dies Produkt findet vielleicht einmal seine Zukunft.

Die Käferfauna ist sehr formenreich. Sie liefert neben vielen kosmopolitischen, auch echtafrikanischen Gattungen wieder einige sonst nur noch in Amerika vertretene Bildungen. Eine Gattung Laufkäfer (Homalosoma), eine andere Gattung Holzböcke (Leptocera) u. s. w. sind ganz oder wenigstens zum Teil australisch. Einige Käferarten sind auch über die indischen Inseln verteilt. Von Rosenkäfern oder Cetonien wurden 20 eigentümliche Gattungen beobachtet. Die Prachtkäfer sind durch eine besonders große Gattung (Polybothris) vertreten. Zahlreich sind die Rüssel-, Schild- und die leuchtenden Schnellkäfer. Beträchtlich ist ferner die Zahl der Grabflügler, namentlich der Heuschrecken. Eine große und schön gefärbte Form derselben stinkt nach Sibree bei der Berührung so heftig, daß ein ein-

geborenes Sprichwort von ihr, der Walalan amboa oder Hunds=
heuschrecke, sagt: „selbst ihr Besitzer mag sie nicht." Andere
Arten werden wie in Südafrika von den Madagassen gerupft
und gegessen. Unter den vielen und zum Teil recht abenteuer=
lich gebildeten Blattheuschrecken ähnelt eine Art (Phylloptera
segonoides) einer neuweltlichen Form (Segona). Die Zikaden
machen auch in diesem Lande ihren ohrenzerreißenden Lärm.

Von fliegenartigen (zweiflügligen) Insekten zählt Vinson
viele Arten der Mücken (Mosquitos), Schnaken, Bremsen, Trauer=
fliegen, Schwebfliegen, Dasselfliegen, Raubfliegen und der echten
Musciden auf. Sibree schildert die Mosquitoplage mancher Gegenden mit grellen Farben und erwähnt zugleich einer empfindlich
peinigenden, kleinen Stechfliege, vielleicht eine Stomoxys-Art.

An Spinnen ist ebenfalls kein Mangel. Manche derselben
verfertigen riesige feste Netze, deren Zerreißung eine gewisse Ge=
walt erfordert. Eine von Vinson abgebildete und beschriebene
dickleibige, den elbanischen und korsikanischen Malmignatten ähn=
liche Spinne (Latrodectus Menavodi), wird ihres giftigen Bisses
wegen gefürchtet, welchen man, wie auch die Wirkung des Bisses
einer anderen Spinnenform, der Foka (Thomisus foka), sogar für
tödlich erachtet. Dergleichen Angaben lauten jedoch übertrieben.
Auch Hildebrandt glaubt nicht an die große Gefährlichkeit dieser
Tiere. Er fand, daß in verschiedenen Gegenden auch andere
Spinnenarten als tötend verschrieen sind und daß dort gefürchtete
hier als harmlose gelten. Die hiesige Fauna enthält übrigens
kleinere Skorpionarten und zahlreiche Tausendfüße, darunter
gegen 150 mm lange, recht bissige Skolopendren. Ein Geschöpf
von wahrhaft abenteuerlichem Aussehen ist der bis 90 mm lange
und 30 mm breite, unschädliche Tausendfuß (Sphaerotherium
Actaeon), welcher sich bei nahender Gefahr wie eine Kugel zu=
sammenballt und an gewisse fossile Trilobiten (z. B. Phacops)
erinnert.

Das Erwachen der besseren Jahreszeit und das alsdann
wahrnehmbare Verhalten der madagassischen Tiere ist durch

Hildebrandt mit großer Wärme der Empfindung an einer unserer
Lesewelt nicht leicht zugänglichen Stelle geschildert worden.
Einige Züge daraus haben wir schon weiter oben bei unserer
Darstellung der dortigen Pflanzenwelt benutzt. Wir lassen
hier noch etliche andere folgen. „Wenige Tiere beleben die Sa=
vanne im ersten Frühlinge, denn die Finken und viele Insekten
die der Grasfrucht nachgehen (erstere füttern ihre Jungen mit
Gewürm) sind noch nicht da. Aber die hiesige Lerche (Alauda
hova) steigt, wie die unsrige, trillernd und schnarrend in die
Lüfte. Sie hat ihre drei erdbraun gefleckten Eier in lockerem,
unscheinbarem Neste am Boden gelegt. Eine äußerst zierliche
Bachstelze, Motacilla flaviventris, huscht über den Boden. Auf
den Viehtriften findet der Sammler prachtvolle metallglänzende
Dungkäfer (Anthophagen, wenige Aphobien= und Hister=, aber
mehrere Staphylinenarten). Ihre Larven sucht Hartlaubia madagascariensis, graubraun mit schönen stahlblauen Schwingen,
auf. Ihr Nest findet sich im nahen Busche. Die Eier sind
hellblau mit feinen braunen Tüpfelchen. Während die Lerche
in einsamen Paaren lebt, geht Hartlaubia in Scharen zu 20
und mehr lärmend ihren Geschäften nach. Dagegen ist der
häufige Ruf von Turnix nigrocollis, genau wie der Wachtel=
schlag, angenehm heimelnd.

Die hiesige Heide ist, wie ja überall, nicht reich an eigen=
artigen Tierformen. Von Vögeln, die sich zeitweilig hier auf=
halten, wären etwa Turnix nigrocollis, der Brachvogel und Pratincola sybilla zu nennen. Letzterer brütet jetzt. An trüben Tagen
steigen langsam und bedächtig abenteuerlich gestaltete Chamäleone
(Verfasser sammelte deren sieben Arten) an den Büschen empor.
Stundenlang sitzen sie dann unbeweglich da. Nur das unauf=
hörliche Rollen und Drehen der Augen zeigt Leben und ihre
Freßgier an. Wehe dem Insekt, das sich auf Spannenlänge in
den Bereich der klebrigen Geschoßzunge niederläßt. Die jungen
Sprossen der Gesträuche sind belebt von Insekten, namentlich
hartschaligen Rüsselkäfern, welche durch sonderbare Gestalt und

durch Haarbüschel auf dem Körper und an den Gliedern oft aufs Täuschendste fruktifizierende Flechten, die auf den gleichen Heidegewächsen sprießen, nachahmen. Aber auch blanke und sammetne Cetonien, sowie mehrere Arten Maikäfer zernagen im analogen Monat November, ganz wie bei uns, das junge Laub. Die reichhaltige Sippe der Bienen, Hummeln und Wespen umschwirren jede Blüte.

Der Busch ist jetzt im Frühling voller Sang und Klang und Lebenslust. Alles prangt im Hochzeitskleide. Hier flattert und summt und schleicht und kriecht es. Die Vögel der Savanne und Heide, die Insekten des Urwaldes, die im Raupen- und Larvenzustande dort ihre Kinderzeit durchfraßen, und andere je nach ihrer Art, in die Blüten und heranwachsenden Früchte anderer Gewächse ihre Eier ablegen — alles verlebt die Flitterwochen und die Freuden und Leiden des Brutgeschäftes. Der Kuckuck (Cuculus Rochii) macht es sich auch hierzulande am bequemsten. Er legt seine unverhältnismäßig kleinen Eier einzeln in die Nester kleiner und kleinster Vögel, z. B. in die von Pratincola sybilla, Cisticola madagascariensis, von Nektarinien u. s. w.; zu größeren Eiern, wie die von Hypsipetes ourovang, bringt er es nicht. Dieser Schmarotzer ist ein arger Schreier. Ehe noch die Sonne aufgegangen und bis spät in die Nacht hinein hört man seine Stimme. Sie klingt mir, als hätte sich unser heimischer Vogel, dem der hiesige zum Verwechseln ähnlich sieht, einen argen Stockschnupfen geholt. Die Stimmen anderer Vögel des Gebietes, abgesehen von den Krähen, [auch der Schildrabe (Corvus scapulatus) brütet jetzt] und von anderem Geschmeiße, klingen angenehmer. Selbst im Lärmen der Dicrourus forficatus und einer ähnlich sich geberdenden *Tylas*-Art ist Musik. Klein aber niedlich ist die Sangweise der Nektarinien, der Zosterops, Eroessa tenella, der Cisticola und anderer Vögelchen, welche im lichten Haine blühender Bäume ihr Spiel treiben.

Das Urwaldinnere ist an Tieren nicht reich, wenigstens

ist die Beobachtung derselben wegen der Dichtigkeit und Höhe der Laubmassen sehr erschwert. Am Bemerkenswertesten machen sich die Halbaffen. Meist bleiben ihre Familien zusammen. Je nach Alter und Geschlecht knurren, kläffen oder heulen sie bei ihren Spielen und Zwistigkeiten oder um ihren Frühlingsgefühlen Ausdruck zu geben. Außer einigen Igelarten (Centetes, S. 23) gewahrt man keine anderen Säugetiere.

An Vögeln beherbergt die Tiefe des Urwaldes die schöne Coua coerulea, deren gellender Lockton an den Schall einer überblasenen blechernen Kindertrompete erinnert. Von ähnlicher düsterer Färbung ist der Papagei (Coracopsis nigra) und eine einsame Waldtaube (Oenas madagascariensis). Häufiger als ihren melancholischen Ruf hört man das Gurren der Lachtaube (Turtur picturatus). Auch mehrere jener abenteuerlichen Vogelgestalten, die Madagaskar eigentümlich sind, bringt der Urwald hervor. Wem das Glück günstig ist, der mag, geleitet durch das Quaken des Waldibis (Ibis cristata), einen guten Schuß thun. Leptosoma discolor (S. 28) hält sich, wie die vorerwähnten Vögel, hauptsächlich in den Baumgipfeln auf. Im dichten Unterholz führt Brachypteracias leptosomus ein halbnächtliches Leben. Ihm verwandt ist der seltene Atelornis Crossleyi. Die Betrachtung der Zunge dieser beiden Vögel läßt auf eine eigentümliche Lebensweise schließen. Sie ist nämlich gegen die hornige Spitze zu verflacht und tief, unregelmäßig geschlitzt. Ein anderer merkwürdiger Urwaldvogel ist Philepitta jala (S. 27). Haut= und Fleischanhängsel und farbige, nackte oder befiederte Augenringe wie an diesem Tiere finden sich auch bei mehreren anderen Vögeln des madagassischen Waldes, so z. B. bei Leptopterus viridis, wo ein fleischiger Augenring blaugrau erscheint. Ebenso ist er beim Fliegenschnäpper (Muscipeta mutata (S. 28); Ibis cristata und Oenas madagascariensis haben eine korallenrote nackte Hautstelle ums Auge. Am auffallendsten aber ist die nackte Haut um die Augen von Neodrepanis coruscans gefärbt: auf ein mittleres bronzegrünes

Feld folgt ein prachtvoll ultramarinblauer Augenreif, der in fleischige stumpfe Läppchen endet. Er bildet an der Schnabel= basis bei den Naslöchern eine Art Wachshaut von gleicher Färbung, während der Grundteil des Schnabels selbst wieder bronzegrün schillert. Das Gefieder des kleinsten der hiesigen Vögel ist oberseits prachtvoll metallischblau, unterseits leuchtend gelb. Er belebt aufs anmutigste blühende Gebüsche in Urwald= lichtungen. Aber die spezielleren Bedingungen seines Auftretens scheinen selten zu sein, denn es gelang dem Schreiber dieses trotz vieler Bemühungen nur weniger Exemplare habhaft zu werden. Sein Stimmchen ist ein kaum hörbares sanftes Pfeifen. Jetzt ist auch die Zeit, in welcher die Webervögel brüten. Sie lieben es, ihre kunstvollen Nester an schwankenden Zweigen über Wasser anzubringen. Sehr gemütlich muß es sich in denen von Fondia madagascariensis wohnen. Die sonderbarste Form zeigt das Nest von Hyphantornis pensilis. Es gleicht einer weit= halsigen umgekehrten Retorte und ist aus feingeschlitzten Palm= blättern (nicht aus Lianen) wenig dicht geflochten. Auch von anderen Tierklassen finden sich im hiesigen Urwalde bemerkens= werte Vertreter. So eine der interessantesten Eidechsen (Uro- platus fimbriatus). Sie hat ihren Aufenthalt auf Baum= stämmen, mit deren Rinde der runzlige grau= und braunfleckige Rücken harmoniert. Ja, die Anpassung an die Farben ihres Wohnsitzes geht so weit, daß einzelne Leisten ihres Kopfes und Körpers grünfleckig sind, genau so, als wären sie bemoost. Die Muskeln des platten Schwanzes und der geflügelten Zehen machen es zu meterweiten Sprüngen geschickt, indem es Insekten hascht oder vor dem Feinde flieht. Sie führt ein ausgesprochenes Schattenleben. Weniger häßlich ist eine bunte Reihe von Laub= fröschen: grün mit goldgelben Streifen, schwarz mit hellbraunen Perlflecken, graubraun mit grünen Bandzeichnungen, welche auffallend dem Thallus gewisser Flechten ähneln, mennigrote und mehrere andere, zum Teil wohl unbeschriebene Arten. An Tümpeln hausen faustdicke Frösche, die an gewisse amerikanische Arten erinnern.

Die Gliedertiere des Urwaldinnern machen sich wenig bemerkbar. Man muß schon die Rinde modernder Baumstämme losbrechen, um darunter eine Anzahl meist flachkörpriger Käferarten (z. B. Carabicinen, Staphylinen, kleine Cerambicinen, Passalus, Melasomen u. dgl.) im Verein mit Ohrwürmern, Wanzen, Tausendfüßen, Bücherskorpionen u. s. w. anzutreffen. In absterbenden Pilzen finden sich auch hier die allerorts vertretenen Gattungen. In Waldblößen aber und da wo Bäume gefällt wurden, begegnet man vielen Arten flüchtiger Prachtkäfer von wunderbarem Metallglanze, auch Rüsselkäfern und größeren Moschusböcken, dann Faltern, Hautflüglern, Zweiflüglern, sowie einer ungezählten Schar kleiner und kleinster Insekten aller Ordnungen. Hier finden sich die barocken Stabheuschrecken und wandelnden Blätter. Übrigens sind nur wenige Grabflügler und Halbflügler im Frühling vollständig entwickelt, sie gehören mehr dem Sommer an. Die madagassische Wanderheuschrecke richtet gleiche Verwüstungen an wie die in anderen Ländern vorkommenden Arten. An Spinnen ist der Urwald zur jetzigen Zeit außerordentlich reich. Von den großen braunen Taranteln, die auf Stämmen hausen, und den platten scharfzangigen, die unter Rinden kriechend auf Raub ausgehen, durch die grellbunten hartschaligen, stachlichen und weichbäuchigen Webespinnen bis hinunter zu den zartesten, fast mikroskopischen Arten entfaltet sich große Formenverschiedenheit u. s. w.*)

Wie soll man sich nun die große Verschiedenartigkeit der madagassischen Tierformen erklären? Der englische Zoologe Sclater hat Madagaskar und die ihm benachbarten Inseln als Reste eines versunkenen Festlandes Lemuria aufgefaßt. Wallace hat diese Idee weiter ausgeführt. Letzterer bemüht sich, die außerordentliche Fauna Madagaskars aufzudecken: ihre in die Augen springende hauptsächliche Herleitung von Afrika, während

---

*) Kurz nach Abfassung dieser so interessanten Schilderung ist deren Verfasser (im Mai 1881) zu Antananarivo klimatischen Leiden erlegen.

sie andererseits alle größeren und höheren afrikanischen Formen
vermissen läßt. Wallace sucht ihre Ähnlichkeiten mit den Ma=
layenländern und mit Südamerika, ferner ihre merkwürdige
Gesellschaft von ganz und gar eigentümlichen Typen aufzuhellen.
Es handelt sich auch nach Wallace um die frühere Existenz eines
mutmaßlich versunkenen Kontinentes, der sich von Madagaskar
bis nach Ceylon und nach Sumatra ausgedehnt haben soll,
und auf welchem der Typus der Halbaffen oder Lemuriden
(S. 19) — daher die Bezeichnung Lemuria — besonders ent=
wickelt gewesen ist. „Es ist dies," sagt Wallace wörtlich, „zweifellos
eine gerechtfertigte Vermutung, die auch viel Wahrscheinlichkeit
für sich hat und es ist ein Beispiel für die Art und Weise, in
welcher das Studium der geographischen Verbreitung der Tiere
uns in den Stand setzen kann, die Geographie eines vergangenen
Zeitalters zu rekonstruieren. Jedoch müssen wir nicht, wie Blyth
vorschlug, dieses hypothetische Land zu einer unserer thatsächlichen
zoologischen Regionen machen. Es stellt wahrscheinlich eine
primäre zoologische Region zu irgend einer vergangenen geolo=
gischen Epoche dar; aber was jene Epoche war und welches die
Grenzen der fraglichen Region gewesen sind, das sind wir
durchaus nicht im stande zu sagen. Wenn wir vermuten, daß
es das ganze Areal, welches jetzt von lemuroiden Tieren bewohnt
wird, in sich schloß, so müssen wir es sich von Westafrika bis
nach Birma, Südchina und Celebes ausdehnen lassen; ein Areal,
welches es möglicherweise nicht eingenommen hat, aber welches
nicht in eine moderne zoologische Region umgebildet werden
kann, ohne viel wichtigere Beziehungen zu verletzen. Wenn wir
auf der anderen Seite alle jene Areale ausschließen, welche
zweifellos anderen Regionen angehören, so reduzieren wir Le=
muria auf Madagaskar und die umliegenden Inseln, welche
als eine primäre zoologische Region abzuhandeln nicht ratsam
erscheint."

Die Theorie von Lemurien wurde von verschiedenen For=
schern eifrig aufgenommen und vertreten. Häckel betrachtet den

vermeintlichen Kontinent als die wahrscheinliche Wiege des Menschengeschlechtes, das sich vermutlich zunächst aus anthropoiden oder menschenähnlichen Affen hervorgebildet hat. Von hier aus ließe sich am leichtesten die geographische Verbreitung der divergierenden Menschenarten durch Wanderung erklären. Auch Peschel ist für die Annahme Lemuriens eingetreten. Madagaskar und Ceylon sind hiernach unter sich durch die Vermittelung der Seychellen verbunden gewesen. Die niedrig stehenden Bevölkerungen Australiens, Indiens sowie die Papuas Hinterindiens, sowie endlich auch die Neger konnten trockenen Fußes in ihre heutigen Wohnstätten einziehen. Man sollte sich nach Peschel wohl vorstellen können, daß das erste Auftreten der Menschen auf einem jetzt versunkenen Kontinent stattgefunden habe, daß sich durch das allmähliche Untertauchen Lemuriens die Austreibung aus dem Paradiese unerbittlich habe vollziehen müssen.

Man hat nun aber mit Recht darauf aufmerksam gemacht, daß die Haupttiere des vermeintlichen Landes Lemurien, die Halbaffen, keineswegs auf die madagassische Region allein beschränkt sind, daß sich vielmehr auch mehrere Formen derselben im afrikanischen Festlande finden und daß fossile Reste dieser merkwürdigen Tiere in Frankreich, ja selbst in Amerika aufgedeckt wurden. Als Glieder der Ahnenreihe des Menschengeschlechtes aber haben die Lemuren schon seit einiger Zeit ihren Kredit völlig eingebüßt. Wallace ist jetzt selbst zu der Überzeugung gelangt, daß die Annahme eines Lemurien zur Erklärung der merkwürdigen Formenerscheinungen auf Madagaskar sich als unnötige und unzureichende Hypothese herausstellt.

Wenn wir nun zugestehen mögen, daß die Existenz eines spezifischen Lemuriens im Sinne der Sclater und Anderer heute nicht mehr vertreten werden könne, so bleibt dennoch für uns die Idee von einem früher stattgehabten Zusammenhange Madagaskars mit seinen heutigen Nachbarinseln, z. B. mit den Seychellen und Komoren, ferner mit Teilen Asiens und Afrikas und, selbst unter Vermittelung des letzteren, mit Amerika, vor der Hand ein Bedürfnis für die spekulative Seite unserer Wissenschaft. Die Annahme eines solchen, während verschiedener geologischer Epochen stattgehabten Zusammenhanges setzt uns allein in den Stand, nach dem heutigen Standpunkt unseres Wissens eine selbst nur ungefähre Erklärung für die Mannigfaltigkeit und für die geographische Zerstreuung der madagassischen Tiertypen zu suchen. Wollten wir anders, so müßten wir der ganzen Entwickelungslehre abschwören und dazu werden sich jetzt nur noch wenige Naturforscher verstehen. Die Annahme, daß sich auf Madagaskar gewisse auch anderswo vorkommende Pflanzengebilde etwa ausschließlich durch Anspülung von Sämereien oder durch menschlichen Import verbreitet haben könnten, bleibt ebenso unzulänglich als die Idee, die der afrikanischen Fauna nahe verwandten madagassischen Tiere würden nur zufällig dorthin verschlagen sein. Hier kann höchstens ein direkter Zusammenhang, hier kann nur eine direkte Einwanderung von dem einen Gebiete in das andere stattgefunden haben. Auch Wallace ist seinerzeit hierfür eingestanden, indem er ausführte: Madagaskar scheint längere Zeit mit Afrika vereinigt geblieben zu sein, bis einige der kleineren und lebhafteren Fleischfresser die Insel erreicht hatten. Wir finden demgemäß dort keine terrestrischen Vogelformen, außer dem gigantischen und machtvollen Aepyornis, der sehr gut befähigt gewesen sein muß, sich gegen solche Feinde zu verteidigen. Das südamerikanische Element in Madagaskar läßt sich nicht auf irgend eine spezielle Verbindung zwischen den beiden Ländern, sondern nur auf die Erhaltung einer Anzahl von Formen beziehen, von denen einige wohl aus Amerika durch Afrika hingelangten, andere dagegen einstmals fast kosmopolitisch verbreitet waren, aber infolge ernsteren Wettbewerbes auf dem afrikanischen Kontinent ausstarben, während sie unter modifizierten Formen in den beiden anderen Ländern fortfuhren zu existieren.

Die Menschenwelt Madagaskars bildet unstreitig den am wenigsten sicher gekannten und am schwierigsten zu beschreiben=

den Teil unserer Arbeit. Noch sind die Eingeborenen dieser Insel zu wenig den genaueren wissenschaftlich=anthropologischen Untersuchungen anheimgefallen. Wir können vor allem das Woher dieser höchst eigentümlichen Eingeborenenfamilie noch nicht recht definieren. Statt wohlgeprüfter Thatsachen traten uns hier nur Hypothesen auf Hypothesen entgegen.

Von vornherein läßt sich behaupten, daß ein nicht geringer Teil der hiesigen Insulaner eine nahe Verwandtschaft mit den ostafrikanischen Stämmen besitzt. Dieser Umstand ist namentlich von Stanislaus Wake auf energische und scharfsinnige Weise dar= gelegt worden. Man hat nun von verschiedener Seite her gegen jede Annahme einer afrikanischen Abstammung der Madagassen, Malgaschen oder Malagassy geeifert, indem man anführte, daß die kaffrischen Bewohner der gegenüberliegenden Küste nichts von der Schiffahrt verständen, daß die Somal und Gala die Haushühner und Fische als Nahrung verschmähten, daß die Fische auch von den Kaffern verachtet würden, daß dies Alles einen Gegensatz zu den Madagassen bilde. Indessen ist bei letzteren wohl weniger an eine Verwandtschaft mit den Kaffern als mit den nördlicher wohnenden Stämmen der alten Ajan= und Zanzibar=Küsten zu denken, welche man früher mit dem nicht ganz übelgewählten Namen der Zengvölker (von Zengiberr, Zanguebar d. h. Zanzibar) zu belegen pflegte. Dies sind aber mit dem Wasser wohlvertraute Leute. So gut nun arme Somal und arme Gala für ihre wohlhabenderen Nachbarn Fische fangen, die sie selbst nicht anrühren, so werden die ihnen verwandten Stämme auf Madagaskar nicht nur das Fischefangen, sondern auch das Fischeessen gelernt haben. So gut aber dicht neben den Somal Hühner gezogen und gegessen werden, so konnte sich dieser Gebrauch wohl bei entfernten Verwandten der Somal einführen. Sibree führt gegen Wake noch andere Eigen= tümlichkeiten der Madagassen auf, welche gegen die Verwandt= schaft derselben mit Afrikanern sprechen sollen. So z. B. ver= weist ersterer Verfasser auf die Nichtverwendung von Tier=

fellen, dieses in Südafrika überall gebräuchlichen Materials, in der Kleidung der Insulaner; auf die Verwendung dagegen von Stoffen aus gewebten und weichgeklopften Pflanzenfasern, die jene mit den Polynesiern so nahe verwandt erscheinen läßt; auf den Gebrauch des auch bei den Malaien vorgefundenen Feder=
blasebalges, auf die alte Kenntnis der Madagassen vom Eisen=
schmelzen, auf die Sitte der Blutsbrüderschaft u. s. w. u. s. w. Alle diese Gründe sind keineswegs stichhaltig. Denn tief in Innerafrika kleiden sich die Monbuttu oder Mangbattu und die Umwohner des Ukerewa=Sees in Feigenbaumrinde, welche sie, ganz wie die Polynesier ihre Tapa, vorher mit Klöpfeln weichschlagen. Andere ost=, inner= und westafrikanische Stämme flechten grobe und feine Baumwollenstoffe sowie wunderschöne Stoffe aus Palmen=, Pandanus= und selbst Ananasfasern. Die Blasebälge der afrikanischen Schmiede gleichen öfters täuschend den madagassischen und malayischen. Vogelfittiche werden von Ägypten bis zum Äquator zum Anfachen des Feuers benutzt. Die Eisenschmelzerei ist in dem an vielerlei Eisenerzen, nament=
lich auch an Magneteisenstein, so reichen Afrika jedenfalls von hohem Alter und hat niemand bis jetzt den Import dieser In=
dustrie von fremdher nachzuweisen vermocht. Die Sitte der Blutsverbrüderung ist im Innern Afrikas ebenso weit verbreitet wie in Madagaskar u. s. w.

Hiervon abgesehen ließe sich aber nicht leugnen und gegen Zweifler wie Crawfurd, teilweise auch gegen Wake u. a. auf=
rechterhalten, daß Madagaskar einen anderen kaum geringeren Teil seiner Bewohner nicht von Afrika her bezogen habe. Es hat hier jedenfalls eine malayische Einwanderung stattgefunden, deren Elemente sich teils in größerer Reinheit erhalten, teils mit Afrikanern vermischt haben. Verschiedene Forscher sind bei der Abschätzung dieser Einwanderung auf die südindische, malayische Inselwelt, andere sind wieder auf Polynesien als die Urheimat der Einwanderer verfallen. Polynesien hat aber die größere Wahrscheinlichkeit für sich. Dies läßt sich aus rein

physisch=anthropologischen, linguistischen und rein ethnographischen Gründen nachweisen. Ein neuer Beobachter, O. Finsch, hält die hellfarbenen Polynesier der Südsee, die er auch kollektiv als Ozeanier bezeichnen möchte, für identisch mit den Bewohnern Madagaskars. Er hat an den Mitgliedern der Howa=Gesandt= schaft, mit denen er von Aden nach Neapel gereist ist, Ver= gleichungen und Studien anstellen können. In mehreren Mit= gliedern dieser Gesandtschaft glaubte Finsch alte Bewohner aus der Südsee wiederzuerkennen; so z. B. hatte der Gesandte selbst eine auffallende Ähnlichkeit mit dem sogenannten König Kabua von Jaluit. Nach Vergleichung dieser Howa unterliegt es für unseren Reisenden keinem Zweifel, daß dieselben anthropologisch jedenfalls den Südseevölkern viel näher stehen als den Malayen. Die keineswegs zahlreichen Howa, welche der Verfasser dieses Buches in Ägypten, auf Malta, in Frankreich und Berlin per= sönlich zu beobachten Gelegenheit gehabt, erinnerten ihn aller= dings vielfach an die Porträtdarstellungen von Sandwichs= insulanern, Tonganern, Samoanern u. s. w. Es läßt sich auch nicht leugnen, daß die madagassische Sprache, namentlich das Howa, eine große Ähnlichkeit mit malayisch=polynesischen Idiomen verrät, daß in jener dagegen das afrikanische Element, wenn es auch nicht gänzlich fehlt, mehr und mehr zurücktritt. Ferner stimmen manche Sitten und Gebräuche der madagassischen In= sulaner mit polynesischen überein. Später noch mehr davon. Außer den letzteren haben aber jedenfalls auch viele arabische und selbst von der vorderindischen Halbinsel stammende Elemente an der Bildung der madagassischen Bevölkerung teilgenommen. Ja sogar Europäer sind von dieser Beteiligung nicht ausge= schlossen. Es giebt auf der Insel Familien und Gemeinden, in denen namentlich das arabische Element vorherrscht. Wie in Ost= und selbst in einem Teile Innerafrikas, setzen arabische Ein= bringlinge die Häuptlingsfamilien von Gemeinschaften zusammen, welche sonst nur wenig oder gar nichts mit der arabischen Halb= insel und deren Ureingeborenen zu thun gehabt. Auch das ost=

indische Element macht sich hier und da selbst seiner Zahl nach entschieden bemerkbar. Bei dieser sehr verschiedenartigen Zusammensetzung des madagassischen Volkes werden wir, wollen wir eine wenn auch nur kurze Schilderung desselben unternehmen, sehr wohl thun, die Hauptstämme der Insel nach ihren hervorragendsten Eigentümlichkeiten einzeln hervorzuheben. Unter allen diesen Stämmen hat aber keiner die allgemeine Aufmerkmerksamkeit so sehr auf sich gelenkt, als derjenige der Howa (Hova).

Indem wir diese genauer ins Auge fassen, unternehmen wir auch zugleich eine Darstellung der allgemeinen ethnischen Verhältnisse unseres Gebietes. Audebert, welcher sich dies merkwürdige Howa-Volk zum hauptsächlichen Gegenstande seiner Studien ausersehen hat, hält dasselbe für ein Mischvolk von Malayen und eingeboren-afrikanischen Elementen. (Briefliche Mitteilung.) Als in der Mitte des siebzehnten Jahrhunderts die ersten sicheren Nachrichten über die Insel laut wurden, geschah in ihnen bereits mancher eingeborner Stämme Erwähnung, welche noch heute fast dieselben Wohnsitze wie damals innehaben. Dagegen fehlte zu jener Zeit jede Kunde von den Howas. Dies Volk war selbst zu Anfang unseres Jahrhunderts fast nur auf die Provinz Imerina, Imerne oder Emirne (das e in der Mitte und am Ende kaum hörbar), welche sich etwa 129 Kilometer von Nord nach Süd und etwa 695 Kilometer von Ost nach West erstreckt. Ursprünglich waren die Howa den Sakalawa tributpflichtig gewesen, hatten aber unter ihrem energischen Häuptlinge Andrianimpoine eine größere politische Bedeutung gewonnen. Der Sohn des letzteren, Radama I., welcher von 1810—1820 regierte, ergab sich der von Mr. Farquhar, Gouverneur der Insel Mauritius, eingeleiteten, englischen Beeinflussung. Er schloß Verträge mit dieser Macht ab, ließ seine Soldaten durch englische Unteroffiziere drillen, bewaffnete jene mit Musketen und Säbeln, legte selbst eine rote englische Generalsuniform an, baute ein Palais mitten in seiner Hauptstadt, stattete dies mit

europäischem Luxus aus, nahm hochkirchliche Missionäre ins
Land, errichtete christliche Schulen und technische Anstalten,
untersagte den Sklavenhandel und ließ madagassische Schriften
mit englischen Lettern drucken. Kühn und ungestüm, ehrgeizig
und betriebsam, eroberte Radama nacheinander einen guten Teil
der Insel und machte seine Howa zur gebietenden Rasse. Gegen
einen Teil seiner Feinde verfuhr er recht verräterisch, er lud z. B.
viele ihrer tapfersten Häuptlinge zu Banketten ein und ließ
sie dabei gemächlich abschlachten. Dieser hochbegabte Mann,
welcher den Titel eines Königs von Madagaskar usurpierte,
starb an den Folgen des Trunkes und anderer Völlerei, Lastern,
denen er sich nur zu geneigt bewiesen hatte.

Eine der von Radama hinterlassenen Frauen, Ranawalona I.,
trat hierauf die Regierung der Howa an. Fünfundzwanzig
Jahre lang tyrannisierte dieses zwar wilde, aber thatkräftige
Mannweib ihr Land, verjagte die Missionäre, schaffte das
Christentum wieder ab, stellte den alten Götzendienst, die Wahr=
sagerei und die Ordalien wieder her, und legte den Handel lahm.
Sie bezeichnete ihre lange Bahn mit Blut und mit Scheiter=
haufen sonder Zahl. Ihr Sohn Radama II. Rakoto gelangte 1861
auf den Howathron. Der neue Fürst huldigte dem europäischen
Fortschritt. Am 26. September jenes Jahres berief derselbe
ein großes Kabari oder eine Ratsversammlung nach dem Fort
Tamatawe, und gab seine Absicht kund, alle Weißen als An=
gehörige seiner Familie betrachten und unter seinen besonderen
Schutz stellen zu wollen. Jene sollten sich niederlassen, wo es
ihnen beliebe und überall Handel und Gewerbe treiben dürfen.
Die sonstigen Erlasse des neuen Herrschers strömten über von
Äußerungen der Liebe und Vorsorge für seine Unterthanen.
Radama II. brach vollständig mit dem altkonservativen Heiden=
kram, gründete von neuem Schulen und ließ den Missionären
freies Spiel. Ja der hochsinnige Fürst bekam, von irgend einem
europäischen Hochstapler dazu aufgestachelt, sogar Lust, in seinem
noch dreiviertel barbarischen Lande eine Akademie der Wissen=

schaft zu errichten. Er dekretierte: „Diese Akademie soll einen Bazar des Geistes und der Aufklärung bilden, eine zentrale Werkstätte für Wissenschaften und Künste, zu welcher man aus allen Teilen des Reiches herbeieilt, um sich in allen Zweigen menschlichen Wissens auszubilden und zu vervollkommnen." Radama II. erteilte eine Amnestie, beschränkte die Gottesurteile durch Tangin-Genuß, beschränkte ferner die Frohnarbeit und bahnte mancherlei sonstige nützliche Reformen an. Indessen blieb dieser an guten Entschlüssen so reiche Fürst nicht lange im Besitze seiner Macht. „Der Auserkorene der Vorsehung, der prädestiniette Befreier und Apostel seines Volkes", wie der Abbé Jouen den König betitelte, erlag schon im Jahre 1863 einer Verschwörung des auf den steigenden europäischen Einfluß eifersüchtigen Howa-Adels.

Diesem Herrscher folgte seine Witwe Rasoherina, welche sich übrigens den Weißen und dem Christentum geneigt erwies (Fig. 15). Nach ihrem 1868 eingetretenen Tode gelangte Ranowalona II., alsdann Ranowalona III., zur Herrschaft. Nachdem sie die Taufe empfangen, hat sie laut Beschluß vom 8. September 1869 die Götzenbilder niederreißen und verbrennen lassen. Die Würdenträger der Howa folgten dem Beispiele der Herrscherin. Das Missionswesen blühte auf allen Wegen und die Missionsgroschen flossen von allen Seiten in die Schatullen der dazu bestellten Offizialen. Ellis heimste allein etwa 140 000 zu Missionszwecken bestimmte Mark ein. Kirchen und Schulen wuchsen gleichsam aus der Erde. Katholische und protestantische Missionäre arbeiteten um die Wette daran, die Madagassen christlich zu machen. Ranawalona ehelichte 1869 ihren Premierminister Rainilaiariwoni und legte dem stetigen Fortschritt weiter keine Hindernisse in den Weg. Trotz ihres guten Willens mit den Europäern im besten Einvernehmen zu bleiben, hat sie mit den Franzosen Streit bekommen, dessen Folgen lange Zeit unabsehbar blieben. Da dieser Streit in erster Linie die herrschenden Howa betrifft, so mußte es für den weiteren Verfolg

Fig. 15.

Eine Königin der Howa.

der Ereignisse von Interesse sein, auf die Entdeckungs- und Kolonisierungsgeschichte der Insel zurückzugreifen.

Madagaskar wird nicht allein in den älteren, arabischen Berichten, sondern im 13. Jahrhundert auch von dem venetianer Reisenden Marco Polo erwähnt. Im Jahre 1506 entdeckte Dom Fernando Soarez, ein Kapitän des portugiesischen Admirals Francisco de Almeida, die Ostküste Madagaskars. In demselben Jahre fand Joao Gomez d'Abreu die Westküste der Insel, welche damals nach einem Kalenderheiligen die Ilha de Sao Lourenço genannt wurde. Tristao da Cunha, Rodrigo Fereira Coutinho und Alfonso d'Albuquerque besuchten und beschrieben das Land genauer, dessen Name Madagaskar nach Sibree ursprünglich eine fremde, vielleicht kontinental-afrikanische zu sein scheint. Die Insel heißt bei den Eingeborenen Nosin dambo d. h. Insel der wilden Schweine, Izao rehetra izao dies Alles, Izao tontolo izao dies Ganze, oder wohl auch Ni aniwon ni riaka d. h. Land inmitten der bewegten Gewässer.

Portugiesen und Holländer haben nur wenig für die Kolonisierung des neuentdeckten Landes gethan. Dagegen sind die Franzosen bereits seit 1642 mit großen Ansprüchen hervorgetreten, indem sie schon damals durch Pronis, einen Agenten der französisch-ostindischen Gesellschaft, kraft einer von Ludwig XIII. ausgestellten Vollmacht, die Insel für ihr Besitztum erklären ließen. Im Jahre 1648 sandte jene Gesellschaft Flacourt, noch später Chamargou ab, um das Land zu kolonisieren. Diese beiden ebenso rohen wie unpraktischen Agenten waren von fanatischen Priestern begleitet, deren plumpe Bekehrungsversuche keine Erfolge aufwiesen. Überhaupt waren die Kolonisierungsbestrebungen jener Leute nicht eben glückliche. Indessen hatte man immerhin das Fort Dauphin am Südostende der Insel unter 26° südl. Br. gegründet und mit einer Besatzung versehen. Im Jahre 1670 verwickelte sich dessen Komandant de la Haye in einen Krieg mit den Eingeborenen, welcher mit gänzlicher Niedermetzelung der Franzosen, darunter Chamargou selbst, endete

Erst achtundneunzig Jahre später, 1768, warf man unter dem Ministerium des Herzogs von Praslin den Blick von neuem auf Madagaskar, indem man einen Sieur de Demodave mit sehr verständigen und humanen Instruktionen für Kolonisierungsversuche dorthin dirigierte. Diese Pläne hätten gelingen können, wenn nicht ein aus Sibirien entsprungener Abenteurer, Graf Moritz Benjowski, die französische Regierung für sich eingenommen, Demodave's Absichten durchkreuzt und unter Aufwendung eines kolossalen Schwindels sowie unter Vergeudung beträchtlicher französischer Summen es versucht hätte, selbstthätig in die Geschicke Madagaskars einzugreifen. Nachdem man in Frankreich sich über Benjowski's Pläne, sich als Mpanjakabe oder höchster König unabhängig behaupten zu wollen, genügend unterrichtet hatte, ließ man den Abenteurer 1796 fallen. Der Kommandant Souillac stieß am 4. Juni 1786 mit dem Mpanjakabe feindlich zusammen, welcher letztere dabei durch die Kugel eines französischen Sergeanten töblich verwundet ward und bald nachher starb. In jenen Zeiten wurde die Niederlassung auf der Insel Sainte Marie oder Nossi Brahim im nördlichen Teil der Ostküste gegründet. Auch setzte man sich weit später, 1840, zu Nossibe am nördlichen Teile der Westküste fest.

Im Jahre 1814 mischten sich die Franzosen in einen Streit der Fürsten von Foulpoint und Tamatawe ein. Kommodore Hamelin bombardierte bei dieser Gelegenheit den ersteren Küstenort und legte französische Besatzung in beide Orte. Radama I. trat nun den Franzosen ziemlich brüsk gegenüber, indem er alle ihnen befreundeten Häuptlinge mit Krieg überzog und deren Gebiete besetzte. Ja der König nahm das Fort Dauphin weg und ließ daselbst die französische Flagge herabreißen. Man begnügte sich damals mit erfolglosen Protestationen, welche dem Prestige der großen Nation gewaltigen Abbruch thaten.

Nach Radama's I. Tode ergriff dessen Nachfolgerin, Ranawalona I., energische Maßregeln gegen alle Häuptlinge, welche es damals noch mit den Franzosen gehalten hatten. Der dieser europäischen Macht geneigte Kommandant von Foulpoint, der Sakalawa Basarla, wurde getötet. Die fortdauernden damals gegen die französischen Autoritäten geübten Nörgeleien veranlaßten endlich die Tuilerien-Regierung, ein nicht unbeträchtliches Geschwader nach Madagaskar zu senden. Dies bombardierte zuerst Tamatawe und siegte bei Ambatu Maluin, gründete auch eine militärische Niederlassung zu Tentenge. Eine französische Abteilung unter dem Oberstleutnant Schoell wurde darauf in der Gegend von Foulpoint durch den Howa-General Raikeli, einen tapferen und genialen Mann, total vernichtet, eine andere Abteilung Franzosen beschoß dagegen Pointe Larrée mit etwa 3000 Granaten und eroberte den Ort trotz aller verzweifelten Gegenwehr der Howa. Später siegten die letzteren abermals und blieben die Franzosen nach manchen weniger ruhmvollen Anstrengungen ihrerseits auf Ste. Marie beschränkt.

Seit jener Zeit hat es an politischen Reibungen zwischen dem Tuilerienkabinett und der Regierung der französichen Republik einer- sowie dem Howahofe zu Antananariwo andererseits keineswegs gefehlt. Die französischen Ansprüche an das Königreich Madagaskar, unter welchem nur das Howa-Reich verstanden werden kann, wurden mit Waffengewalt unterstützt. Die schlecht bewaffneten Howa würden sich freilich an den Küsten kaum gegen die anerkannt vortreffliche Marineinfanterie ihrer Feinde behaupten können. Vorläufig steht indessen ein friedlicher Ausgleich zwischen beiden Nationen bevor.

Auch die Engländer haben mehrfach versucht, auf der merkwürdigen Insel Boden zu fassen. Sie haben sich aber mehr darauf beschränkt, in jener oben (S. 46, 47) geschilderten Weise durch politische Agenten und Missionäre, als durch kriegerische Aktionen Einfluß zu gewinnen.

Die Howa selbst haben seit einiger Zeit auf weitere Ausdehnung ihrer Herrschaft verzichtet, das bis jetzt Erworbene aber zu festigen gesucht. Ihr Reich erstreckt sich über die erwähnte Provinz Imerna und über das Betsileo-Land. Nach

Aubebert haben sie die Ostküste inne von Wohemare im Norden bis Farafangana im Süden. Im Westen reicht die Howa=Herrschaft etwa bis gegen Menabe hin. Das Innere der Insel ist von ihnen unabhängig. Zu Fort Dauphin und an einigen anderen, zum Teil sehr abgelegenen Punkten, auch der Küsten, unterhalten die Howa kleinere Garnisonen unter Kommandanten, welche die Zölle und Steuern erheben. Aubebert glaubt richtig zu gehen, wenn er die Hälfte der ganzen Insel in ihrem Besitze wähnt.

B. Die Howa.

Die Howa sind von Mittelgröße oder kleiner (ca. 1600 mm hoch), schlank und wohlgebaut. Hände und Füße sind gut geformt, etwas kurzfingerig und kurzzehig. Nackte Jünglinge und Mädchen hatten auf die von mir darüber befragten Gewährsmänner im Durchschnitt einen recht vorteilhaften Eindruck gemacht. Der Kopf ist nach oberflächlichen, unmaßgeblichen Schätzungen brachycephal bis mesocephal (kurz= bis mittelköpfig). Die Stirn der Männer ist ziemlich frei und hoch, nur mäßig gewölbt. Der Raum zwischen den Augenspalten hat etwas unschön Breites. Die Augenbrauen sind ein wenig bogen=förmig geschwungen, die Augen sind nicht groß, aber von leb=haftem, intelligentem Blick. Die Nase ist entwickelt, d. h. hervor=ragend, häufiger ist sie gerade als gebogen, selten eingedrückt, fast stets mit stumpfer Spitze und mäßig breiten Flügeln ver=sehen. Der Mund ist ziemlich groß, die Lippen sind zwar fleischig, aber nur selten aufgewulstet. Das Kinn ist zurück=weichend und gerundet. Das ganze Gesicht macht, von vorn gesehen, einen fünfeckigen Eindruck, wobei man sich freilich die fünf Ecken in ganz gefälliger Weise abgerundet denken muß Das Ohr ist gut gebildet. (Fig. 16.)

Die Howa-Weiber haben ziemlich gewölbte Stirnen und Scheitel, im ganzen runde Gesichter, flache Nasen und einen breiten, etwas dicklippigen Mund. Das Kinn ist klein und gerundet. Indessen sind vorragende, zierliche Nasen und dünne

Fig. 16.

Howa-Offizier.

Lippen doch auch Erbteil mancher Howa-Schönen, denen übrigens nicht selten ein etwas gekniffener Zug um die Mundwinkel bleibt. Die halbe Faceansicht eines jungen Howamädchens, welche ich 1867 in Frankreich zu zeichnen versucht, erinnerte mich trotz etwas größerer Gesichtshöhe an die Photographieen junger Samoanerinnen (Fig. 17). Der in der Jugend gutgeformte Busen welkt wie alle sonstigen Reize dieser Weiber schnell dahin. Sie alle neigen zur Fettleibigkeit. Dies thun zwar auch die Männer. Magere Personen beiderlei Geschlechts werden frühzeitig klapperdürr und sollen dann große äußere

Fig. 17.

Junges Howa-Mädchen, etwa 15 Jahr alt.

Ähnlichkeit mit alten Hottentotten verraten. Das Haar ist sehr kraus, aber gelockt, nicht so zu vereinzelten, verfilzten Büscheln gesondert, wie bei den gegenüberliegenden nigritischen Festlandsbewohnern. Die Farbe ist gelbbraun mit starkem Stich ins Olivenbraune, öfters so hell, wie bei Südeuropäern. Übrigens fehlt dieser Haut die schwellende Weiche der Afrikanerhaut, sie

Fig. 18.

Männliche Howa-Trachten.

ist häufig voll Finnen, Mitessern, Schrunden und Flechten. Zwar zeigen die Howa einen gewissen Anstand, eine leichte, anmutende Würde, sollen aber nicht selten durch ihren lauernden, tückischen Blick unangenehm auffallen.

Die Kleidung dieser Leute ist in ihrer Ursprünglichkeit einfach und malerisch, bietet aber in der Jetztzeit leider häufig ein widerliches Gemisch von urtümlich=afrikanisch=indischen Draperieen und von europäischem Plunder dar. Nichts ist beklagenswerter, als der allmähliche Untergang der Nationaltrachten, mit welchem zwar öfter ein Steigen in voller oder halber Zivilisation, oft genug aber auch die Vernichtung jeder

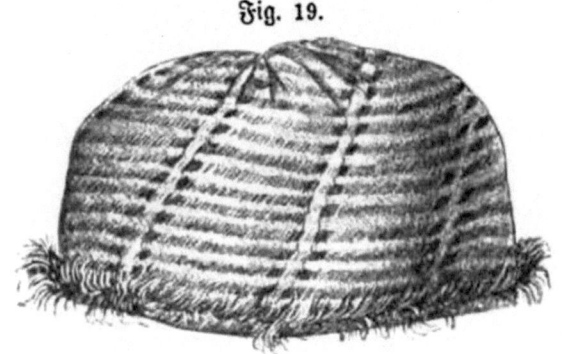

Fig. 19.

Geflochtene Kappe

urwüchsigen Tüchtigkeit und der biederen Charaktereinfachheit, ein Verzicht auf jedwede Stammeseigentümlichkeit verbunden sind. Das Haar der Howamänner wird entweder kurz geschoren, so daß es bürstenartig=steif emporsteht, oder es bleibt einige Centimeter lang und sieht dann der gewöhnlichen Haartracht eines krausen, fashionablen Italieners ähnlich (Fig. 16 u. 18). Um die Lenden wird ein Zeugschurz gewunden und darüber wird ein langer breiter Überwurf, die Lamba, in schönen vollen Falten drapiert. Letzteres Kleidungsstück ist entweder aus Baumwolle, Seide oder Raphiafasern gewebt und ähnelt der Schama oder Ferda oder Tob der Abyssinier und Ost=Sudanesen. Bei den

Offizieren und höheren Beamten von Seide, wird es für die Adeligen rot, für die Anderen weiß, auch mit roten oder bunten Streifen verziert. Die Beine bleiben nackt. Manche tragen europäische oder indische Hemden mit langen Ärmeln. Auf dem Kopfe sitzt ein Strohhut oder ein abgelegter, von irgend einem europäischen Trödelmarkte stammender Cylinder, zuweilen auch eine jener bunten, aus Raphiafasern nieblich geflochtenen Kappen, die selbst Somal und Suahel nicht verschmähen (Fig. 19). Die Frauen toupieren ihr Haar in unzähligen Flechtchen, Zöpfchen, Schnecken und Rosetten. Sie entwickeln darin fast die gleiche eitle Sorgfalt und Erfindungsgabe, wie ihre nubisch-sudanesischen Schwestern. Auf dem Körper tragen sie entweder den Saimbo, ein sackartiges, dem Sarong der Malayen ähnliches, an den Hüften festgeknotetes Kleidungsstück, ferner eine Ärmeljacke oder ein den sogenannten Missionshemden (missionary tobes) der Südseeinsulaner entsprechendes weites Kattunkleid, das bis zum Hals und bis zu den Handknöcheln reicht. Die Lamba wird dann noch als Überwurf benutzt. Den Kopf bedeckt man mit einem Stroh- oder einem schäbigen europäischen Amazonenhut. Taschentuch und baumwollener Sonn- oder Regenschirm verlassen weder Männer noch Frauen.

Das ist der Urtypus von Kostüm, wie er sich hier und da selbst noch heute permanent erhielt. Prinzen und Prinzessinnen stolzieren in Generalsuniform, in bauschigen Seidenroben und künstlichen Blumen umher, deren Schnitt freilich nicht immer der allerneueste von Dussetot und Sesemann zu sein scheint. Höhere Staatsbeamte, Gouverneure u. dgl. benutzen den Frack, die langen Beinkleider und Lackstiefel, verachten auch nimmer fremde Ordenskrachate, schöne Stöcke mit metallenen Knöpfen und selbst veraltete Galanteriedegen. Die Howa-Offiziere sollen bei der Elitetruppe, welche den königlichen Palast zu Antananariwo schirmt, samt ihren Soldaten mit anständiger Gleichförmigkeit uniformiert sein. In den Provinzen dagegen paradieren sie nach den Darstellungen von Sibree, Jedina, Buet und Anderen

in den allerunglaublichsten Aufzügen umher, welche lebhaft an
diejenigen der Bürgergarden in Kotzebueschen und Houwaldschen
Komödieen erinnern müssen (Fig. 20). Jedina erzählt: „Der
Aufzug der verschiedenen Würdenträger war wahrhaft imposant.
Der Gouverneur hatte einen schwarzen Sammtfrack, einen Hut
mit französischer Kokarde und englischen Marine-Epauletten;
mein Freund Ambulahery gefiel sich in einem einfachen braunen

Fig. 20.

Madagassische Offiziere.

Rocke, Offiziersdienermütze und Fäustlingen, dafür that sich wieder
der Unterkommandant der Truppen durch seine malagassische
Uniform, aus blauem und weißem Sammt und den Namenszug
der Königin auf den unförmlichen Epauletten, hervor. Der
Rest trug die verschiedensten Uniformen und Livreen mit Kopf-
bedeckungen jeder Art, den italienischen Garibaldihut nicht ausgenommen."

Die ursprünglichen Waffen der Madagassen bestanden in Lanzen und Schilden, Bogen und Pfeil. Unter den Lanzen finden sich solche von 620 mm Länge, mit 50 mm langer,

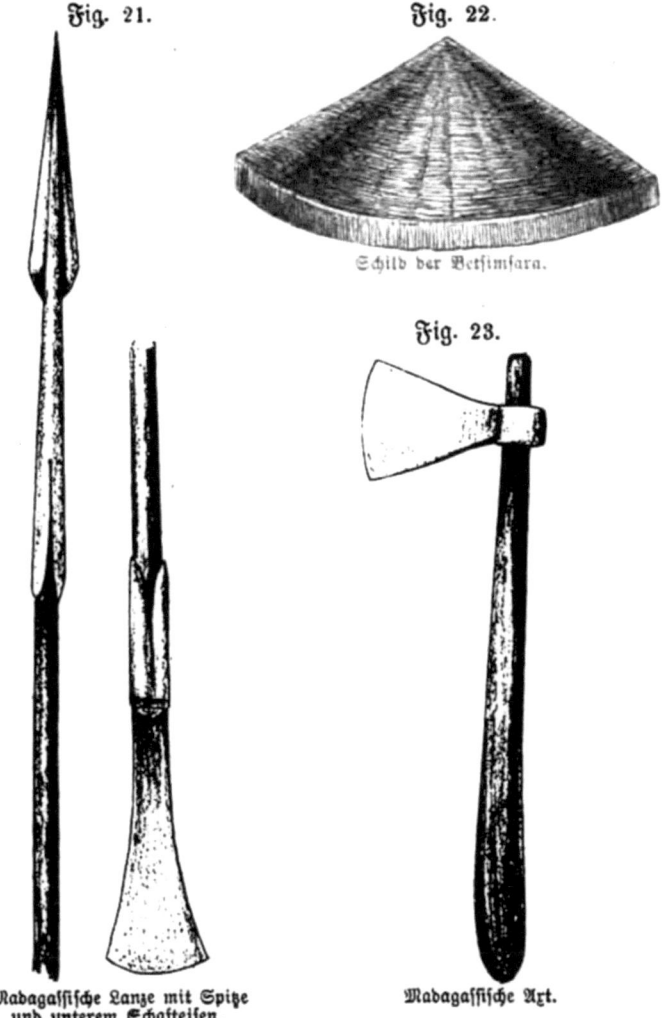

Fig. 21. Fig. 22.

Schild der Betsimsara.

Fig. 23.

Madagassische Lanze mit Spitze und unterem Schafteisen.   Madagassische Axt.

haarscharfer Klinge, fingerdickem Holzschaft und 36 mm langem, am Ende spatelförmig verbreiterten Eisen, mittelst welches letzteren man die Waffe in dem Erdboden aufrecht befestigen kann (Fig. 21).

Der Schild ist rund, hat nur etwa 500 mm Durchmesser und wird aus Holz mit Lederüberzug oder auch aus Korbgeflecht verfertigt (Fig. 22). Bogen und Pfeil treten jetzt mehr und mehr außer Gebrauch. Nach Sibree benutzen in einigen Gegenden die Knaben lange Internodien des Bambusrohres als Blasröhre, aus denen sie kleine Pfeile schießen, und zwar zur Jagd auf Vögel u. dgl. Dies erinnert an den Gebrauch des Sampitan (Blasrohres) unter den Malaien. Bei den Howa und Sakalawa herrscht jetzt die Anwendung des Feuergewehres vor. Übrigens werden hier auch Säbel, Waldmesser und Äxte als einheimische Arbeit (Fig. 23) und als fremde Einfuhrartikel, reichlich begehrt und ausgiebig benutzt.

Die Wohnungen des madagassischen Volkes verraten zwar einen gewissen Grundplan, indessen lassen sich doch auch mancherlei Modifikationen desselben bei den verschiedenen Stämmen erkennen. Die Howa=Häuser oder =Hütten sind oblong und werden in nordsüdlicher Richtung aufgebaut. Die Thür= und die Fenster= öffnungen liegen an der Westseite, um konträren Winden den Eingang zu versperren. Die Wände werden aus dem wohl durchkneteten roten Thon des inneren Landes fest und dauerhaft aufgemauert. Das sehr steile Giebeldach ruht auf starken Pfählen und wird sowohl an seinen Längsseiten als auch an seinen Giebeln mit Heu oder Binsen gedeckt. Dieses Material wird mit Bambuslatten festgelegt und mit Lehm verputzt. Die be= treffenden Latten ragen oben an den Enden der Dachkante übereinander hervor und werden manchmal in Form von Ochsen= hörnern, Vogelköpfen u. s. w. ausgeschnitzt. Das erinnert lebhaft an die Bauart der Bewohner von Kutei, Ost=Borneo. Andere madagassische Häuser werden aus aufrechten, mit Palmholz= Zapfen verbundenen Planken aufgerichtet und mit demselben Material wie die Lehmhäuser gedeckt. Zu Tamatawe, Antana= narivo und an anderen besser situierten Örtern werden an den Längsseiten der Häuser hinlaufende, öfters noch vergitterte Ve= randas beliebt. Auch existieren, wie im Indischen Archipel,

Fig. 24.

Madagassische Häuser mit Verandas und Pfahlsubstruktion.

leichte auf Pfählen ruhende Hütten (Fig. 24). Die Thürschwelle überragt den Boden und wird mit Hilfe dagegen gelegter Steine überschritten. In manchen Gegenden hält man die nordsüdliche Längsrichtung der Howahäuser nicht ein, bringt nicht überall Fenster an und benutzt für die Bewandung sowohl wie Dielung Blattstiele, für die Bedachung dagegen Blätter der Rawenala. Im Innern hält man wie in Afrika, z. B. in Nubien, einige bombenförmige Wasserkrüge mit geflochtenem Deckel, ferner einen hölzernen Mörser, eine flache hölzerne Schüssel, einige Kochtöpfe, einige hübschgeflochtene Matten, nettgearbeitete Körbe u. s. w. Auf ein oder zwei Konsolbrettern stehen wohl etliche importierte Geschirre, Glasflaschen, Körbchen u. dgl. mehr. In Nähe der Westwand befindet sich eine im Viereck ummauerte Bodenstelle als Herd. Die Töpfe werden beim Kochen auf einige Steine gestellt und wird zwischen diesen das Feuer angemacht. Der Rauch entweicht durch Thür, Fenster oder Dachritzen. Zur Aufbewahrung der wenigen besseren Bekleidungsstücke dient entweder ein größerer Korb oder eine hölzerne Truhe. Zum Schlafen wird eine festeingelassene, erhöhte, mit Matten umhängte Estrade benutzt. Feinere Matten bekleiden die Wände, gröbere bedecken den Fußboden. In Imerne befindet sich in der südöstlichen Hausecke ein aus Lehm aufgemauerter Schweinekofen. Über demselben nächtigen die Hühner.

Sibree fand im oberen Hausraum unter dem Dache nicht selten noch einen Boden angebracht, dessen Grund mit Erde bedeckt war, um hier kochen zu können. Derselbe Berichterstatter erwähnt der kleinen Häuser mit engen Thüren, winzigen Fenstern, mit oberen Vorrats=, auch wohl Schlafräumen der Betsileo, er veröffentlicht ferner Grundrisse von Hütten der Sihanaka, Bara, Tanosi, Mahafali u. s. w. Es würde hier zu weit führen, in diese Einzelnheiten tiefer einzudringen.

Um die Howa=Ansiedlungen her werden bald Palissaden, bald gemauerte Einschließungen aufgeführt. Selten fehlt ein dem Murach der oberen Nilländer ähnlicher Pferch (Bd. II,

S. 123) zur Unterbringung des Rindviehes, ein von Kuh=
dünger u. dgl. strotzender, modriger und übelriechender Platz.
Zu Sihanaka legt man lebendige Hecken von Kochenillekaktus,
in Betsileo solche von stachligen Akazien an u. s. w.

Die Nahrung der Madagassen ist teils pflanzlicher teils
tierischer Natur. Obenan steht der Reis, der im Mörser durch
Stoßen von seinen Hülsen befreit, auf dem Holzhafen geworfelt
und in flachen Töpfen gekocht wird. Daneben verspeist man
mancherlei einheimische Gemüse, Bataten, Kartoffeln, Mandioka,
Bohnen, mancherlei Früchte, selbst Melonen, Papayen, Orangen,
Pfirsichen, Weintrauben, Bananen, ferner Ochsen=, Schaf=, Ziegen=,
Schweinefleisch, Hühner, deren Eier, Enten, Gänse, endlich selbst
Heuschrecken. Man nimmt die Speisen von Baum=, namentlich
aber von den schönen appetitlichen Bananenblättern, von geflo=
tenen Schüsseln oder von Thongeschirren ab. Man bedient sich
geschnitzter Löffel oder hebt die Bissen mittelst zusammengebogener
Wakoa= oder Ravenalablätter aus oder man führt sie auch
direkt mit den Fingern zum Munde. Die fürstlichen Personen,
die hohen Beamten und reichen Leute unter der Howa benutzen
nunmehr europäisches Tafelgeschirr, äffen die kulinarischen Leistun=
gen der Fremden nicht ohne Geschick nach, kredenzen Liköre und
Weine, toasten mit langen Reden und lauten Welomas, das ist
Vivats. Es fehlt bei Gastereien dieser Hochbedeutsamen nicht
an chromatischer Musik und an anderem (halb=?) zivilisierten
Zubehör. Kaffee und Thee sind daselbst fashionable Nachtisch=
Getränke. Übrigens rühmen Sibree, Audebert und Andere mit
warmen Worten die schrankenlose Gastfreundschaft der Howa
und der sonstigen Inselstämme.

Tabak wird hier nur geschnupft und gekaut; geraucht wird
er selten, höchstens in Form von importierten Zigarren. Auch
wird Bang oder indischer Hanf, ein äußerst narkotisches Produkt,
das Lieblingsrauchmittel der afrikanischen Hottentotten, Busch=
männer und Kaffern, benutzt. Die Vornehmen trinken aus feiner

Glasware, das Volk aus Ochsenhörnern oder aus importierten Bouteillen und Näpfen.

Die Madagassen sind teils Ackerbauer, teils Viehzüchter. Ihr Landbau dreht sich in erster Linie um die Reiskultur. Die Howa säen dies Produkt zunächst auf künstlich bewässerten Bodenstrecken aus und verpflanzen dasselbe erst dann auf die eigentlichen Felder, welche unter Wasser gesetzt und von den Rindern durchgetreten werden. Andere madagassische Stämme begnügen sich mit dem einmaligen Aussäen und mit dem Durchtretenlassen der Felder mittelst ihrer Herden. Außer Reis werden ferner Mandioka, Bataten, Yams, Erdnüsse, Bohnen, Liebesäpfel, spanischer Pfeffer, Ingwer, Kürbis, Melonen, Sesam, Ricinus, Tabak, Hanf, Baumwolle, Indigo, mehrere Aronarten, u. a. auch das über die ganze Südsee verbreitete Saonio (Arum esculentum), Kaffee und Zuckerrohr kultiviert. Letzteres wird zum Teil nur gekaut, zum Teil aber auch zur Bereitung von Zucker, von einem dem südamerikanischen Guarapo ähnlichen Getränk und von schlechtem Rum benutzt.

An Fruchtbäumen und fruchttragenden Sträuchern ist das Land sehr reich. Es werden hier Guyawen, Melonenbäume, Bananen, Mangobäume, Ananas, Granatäpfel, Pfirsiche, Orangen, Citronen, Maulbeeren und selbst Trauben gezogen.

Die Eingebornen haben neben der einheimischen Seidenraupe (S. 32) die echte (Bombyx mori) eingeführt, welche auch hier hauptsächlich mit Maulbeerblättern gefüttert wird. Man verfertigt auf liegenden Webstühlen Baumwollenzeug, man webt Seidenstoffe, deren Dauerhaftigkeit gerühmt wird und bereitet recht schöne Zeuge aus den Blattfiedern der Raphiapalme. Auch stellt man Rindenzeug (S. 43) und Matten aus allerhand Gräsern, aus dem Bast des Papyrus und aus wirklichen Binsenarten dar. Schreiber dieser Zeilen hat jahrelang einige schön gemusterte und äußerst dauerhafte, aus Tamatawe stammende Matten benutzt, wie er sie von gleicher Schönheit selbst unter den vielberufenen Flechterzeugnissen Ost-Sudans nicht hat auffinden können. Die Madagassen wissen solche Erzeugnisse ihrer Hausindustrie recht hübsch zu färben und zwar meist mit ausländischen Farbstoffen. Äußerst geschickt sind sie in der Anfertigung von zierlichen Filigranarbeiten in Gold und Silber. Vom Bambusrohr wird, wie im indischen Archipel (namentlich auf den Philippinen) ein wahrhaft großartiger Gebrauch gemacht. Man verfertigt daraus Tragebalken, Latten zur Sicherung der Häuserwände und Dächer, man schneidet aus den zwischen den Knoten befindlichen Stücken Wassergefäße, wie sie sonst in Birma, Siam, Assam, ferner von Ceylon bis nach Timor hin gebräuchlich sind, man bereitet daraus zierliche Schnupftabaksdosen, Blaserohre (S. 60), Pfeifen, Musikinstrumente, Zäune, ja selbst (höchst unvollkommene) Flöße.

Auf Madagaskar werden Rinder, Schafe, Ziegen, Schweine, Hühner, Truthühner, Gänse, Enten, Tauben u. s. w. gezüchtet. Das Rind gehört einer fast vollkommen gebauten Zeburasse an. Mit diesen Tieren führten die Howa und andere Stämme früher Stiergefechte auf, auch spielt dies Rind noch heute eine Rolle in der Symbolik dieser Menschen. Zur Neujahrszeit werden recht fettgemästete Zebus geschlachtet. Ich habe irgendwo gelesen, daß man früher kleine Kinder der Abends vom Weidegange zurückkehrenden Zebuherde vorgeworfen. Wurde das Kind von den ehrbaren Wiederkäuern zufällig verwundet oder ganz zertreten, so war es damit aus, wurde das Kind dagegen von den Hufen verschont, so stand ihm die Zukunft offen. Also eine Art Gottesgericht, wie deren bei diesem Inselvolk so viele beliebt sind.

Das Schaf ist das haarige, lang- und fettschwänzige. Buet bildet eine Gruppe dieser Tiere ab. Eins derselben, ein Bock, trägt seitlich-spirale Hörner, ähnlich dem Zackelschaf (Ovis strepsiceros). Die Ziegen gehören verschiedenen, zum Teil sehr niedlichen, gazellenähnlichen Schlägen an.

Die Schweine sind von vielerlei Seiten her eingeführt. Übrigens herrscht die sehr mästbare chinesische Rasse vor. Dieselbe kann hier, wie mir versichert worden, recht beträchtliche

Dimensionen annehmen, was aber wohl hauptsächlich Folge einer Kreuzung mit den vom Kap und von Mauritius stammenden (d. h. ursprünglich englischen) Zuchten, sein mag.

Die hier seltener gesehenen, von Mauritius, vom Kap u. s. w. eingeführten Pferde scheinen absolut nicht zu gedeihen, wie denn überhaupt die klimatischen Eigentümlichkeiten der zwischen dem Äquator und dem 3⁰ südl. Breite gelegenen, in den afrikanischen Bereich gehörigen Lande der Zucht dieses edlen Haustiers natürliche Schranken zu setzen pflegen. Sind doch selbst in dem sonst pferdereichen Kaplande die Paardesigte, Pferdeseuche und andere Roßleiden furchtbare Geißeln für die strebsamen Farmer. Bessere Resultate scheint man auf der Insel neuerdings mit der Einfuhr der sehr dauerhaften birmanischen (Pegu=) Rasse zu erzielen. Von den madagassischen Hunden hört man wenig oder nichts. Der Kapitän eines deutschen Barkschiffes, welches zu wiederholten Malen verschiedene Häfen der Insel angelaufen ist, versicherte mir, dort immer nur wenige, allen möglichen Formen angehörende Hunde angetroffen zu haben, welche den Stempel einer verschiedenartigen fremden Herkunft an sich trugen und nur als Spielgefährten der nackten Straßenjugend zu gelten schienen.

Die Sprache der Howa ist, wie diejenige der übrigen madagassischen Stämme, eine recht merkwürdige. Sie scheint bei gefälliger Aneinanderreihung der durch einfache Konsonanten verbundenen Vokale wohlklingend, ja man möchte sagen musikalisch. Im allgemeinen rechnet man das Madagassische zur malayisch=polynesischen Sprachfamilie. Dasselbe scheint namentlich mit der philippinischen Tagalensprache nähere Verwandtschaft zu haben. Der grammatische Bau ist einfach und bietet dem Erlernen keine beträchtliche Schwierigkeit dar. Der Europäer findet nur einfache Lautformen zu bewältigen. Bei der Aussprache mancher Namen wirkt zwar die starke Anhäufung von Silben anfänglich etwas ermüdend; so z. B. in Antananariwo, Foloainbahi, Fihatsarambelatsihi u. s. w. Indessen mildert sich auch dieser scheinbare Übelstand, sobald erst die richtige Be=

tonungsweise gelernt ist. Die Londoner Missionsgesellschaft hat die lateinische Schrift für die Schreibung des Madagassischen eingeführt. Die häufig vorkommenden Silben wa, we, wi, wo, wu werden von den Engländern gewöhnlich mit dem Buchstaben v und den entsprechenden Vokalzeichen, von den Franzosen vielfach mit den Vokalen ou, z. B. Vazimba = Ouazimba u. s. w. umschrieben. Für die deutsche Transskription dürfte sich die (auch hier gebrauchte) Anwendung des Konsonanten w empfehlen. Übrigens ist das Madagassische nicht frei von fremden, namentlich arabischen Lehnwörtern, wie auch z. B. die Monats- und Tagesnamen dieses Ursprunges sind. Man erkennt aber neben europäischen, besonders französische und englische, ferner sogar einige hinduſtaniſche und ſuaheliſche Lehnwörter. Eine Verwandtschaft des Madagassischen mit afrikanischen Idiomen wird von manchen rundweg geleugnet, indessen dürfte eine derartige Behauptung gegenüber unserer recht mangelhaften Kenntnis der oſtafrikanischen Sprachen noch etwas verfrüht erscheinen. Man unterscheidet den Howa- und den Sakalawa-Dialekt. Diesen lassen sich einige andere Mundarten unterordnen. Die Madagaſſen sind geborene, in langem Wortfluß sich bewegende Redner. Ihre Poesie beschränkt sich meist auf willkürliche, die einfachsten Tageshandlungen verherrlichende Improvisationen, seltener vertieft sie sich in bedeutendere, eine gewisse Volkstümlichkeit gewinnende Dichtungen.

Will ein Howa heiraten, hat er einen Gegenstand für seine Neigung gefunden, so sucht er die Ehelichung in völlig geschäftlicher Weise abzuschließen. Jeder der beiden Ehepartner sichert sich das eigene hinzugetragene Heiratsgut. Obwohl die Howa und ebenso ein guter Teil der übrigen Madagaſſen, Christen geworden sind, so halten sie doch häufig an der Vielweiberei fest oder schaffen sich wenigstens Konkubinen an. Zur Hochzeitsfeier versammelt man sich im Hause des zukünftigen Schwiegervaters und alsdann im Hause der Familie des zukünftigen Eheherrn. Die Kopulation geschieht unter der Zeremonie der gemeinschaftlichen Umschlingung mittelst einer Camba. Auch essen die Brautleute zusammen Reis u. s. w. aus einer Schüssel und mit einem Löffel. Dann wird ein in klingender Münze bestehendes Geschenk an die Braueltern gezahlt.

Bei anderen madagassischen Stämmen herrscht die unter den Nigritiern, namentlich Abantu herrschende Sitte, die Braut scheinbar aus dem elterlichen Hause zu entführen. (Dergleichen Hochzeitsscherze kehren freilich bei allen möglichen halbwilden Völkerstämmen, z. B. den Morlacken, Turkmanen, Tscherkessen u. s. w. wieder.) Die Sakalawa bewerfen den Freier mit Speeren, welche dieser zwischen Arm und Seite auffangen muß. Bewährt sich der Geprüfte, so wird er angenommen, zeigt er sich dagegen ungeschickt, so wird er abgewiesen. Bei diesem Volke waren in gewissen Fällen und unter besonderen Beschränkungen auch Geschwisterehen gestattet. Bei den Howa kann einer Frau, deren Mann lange Zeit hindurch abwesend zu sein gezwungen wird, die Erlaubnis zum zeitweiligen Verkehr mit anderen Männern erteilt werden. Geschlechtliche Vermischung ist Liebesleuten auch schon vor der Hochzeit gestattet. Die Scheidung wird dem Manne sehr erleichtert. Er kann seiner Frau die Wiederverehelichung verbieten, muß ihr aber alsdann eine entsprechende Entschädigung zahlen. In solchen Fällen unterliegt die Frau öfters einer von seiten des Mannes ausgeübten und durch die Sitte geheiligten, unzarten, ja man könnte sagen — gemeinen — Behandlung. Nach Sibree und anderen wird bei den Sihanaka eine Witwe Monate hindurch, ja selbst ein Jahr lang, von den Verwandten schändlich mißhandelt, bis endlich eine Freisprechung seitens der würdigen Sippschaft erfolgt.

Unter den Howa scheint daher kein Paradies für die Sittlichkeit zu blühen. Dagegen rühmt man die Zuthunlichkeit der Eltern zu ihren Kindern und die Ehrfurcht der letzteren vor ersteren. Von geregelter Erziehung ist natürlich bei solchen Dreiviertelbarbaren mit ihrem bißchen übertünchter Kultur keine Rede. Audebert widerspricht auf thatsächliche Vorkommnisse sich stützend der vielfach verbreiteten Ansicht, daß Ehescheidungen unter den Howa selten vorkämen.

Die Howa führen gleich den übrigen Madagassen häufig Namen, welche, wie Spitznamen klingend, keineswegs die neckisch-geistvolle Bedeutung der altrömischen und arabischen zu entfalten pflegen, welche gewisse persönliche Eigenschaften der mit ihnen belegten Individuen charakterisieren. Vielmehr wählen die Howa nicht selten entschiedene Ekelnamen wie Rafiringa, d. h. Misthaufe oder Rabetay d. h. viel Mist, um, was Audebert uns lehrt, damit die böse Schicksalsfügung, den Neid des Geschickes, von schönklingenden Namen, abzuwenden. Sonst nimmt der Vater, wie bei den Arabern vorkommt, nicht selten den Namen seines Sohnes an, z. B. Raina Dema, Vater des Dema, Raina Boto, Vater des Boto (arab. Abúl Hasan, Abúl Ibrahim u. s. w.).

Die auch in Madagaskar übliche Beschneidung wird als ein Akt der Aufnahme eines Knaben unter die Männer betrachtet. Früher wurde dieser Brauch bei den Howa zu bestimmten Zeiten an allen für die Beschneidung reifgewordenen Kindern mit großem zermoniellem Gepränge, unter Anwendung zahlreicher abenteuerlicher und abergläubischer Einzelnheiten, vollzogen. Nach Einführung des Christentums scheint der Brauch allmählich zu verschwinden.

Auf Madagaskar wird die Jalotra, die auch in Afrika so verbreitete Blutsverbrüderung, fleißig geübt. Jene Personen, welche ein Verhältnis beiderseitiger Freundschaft und Opferwilligkeit für einander eingehen wollen, bringen sich eine kleine Wunde bei. Einer schlürft dann das mit allerlei schönen Dingen gemischte Blut des Anderen und verwünscht dabei jeden etwa stattfinden sollenden Bündnisbruch. Auch Europäer sind gewisser Vorteile halber derartige Verbrüderungen mit einflußreichen Häuptlingen eingegangen. So hat Dr. Aurel Schulz ein solches mit Resumaneri, dem Könige des Antenossi-(Süd-Sakalawa)-Volkes, abgeschlossen. Vor großer Versammlung hielten der Fürst und der Doktor einen Speer hinter das rechte Ohr eines gebunden daliegenden Ochsen. Ein Häuptling schlug mit dem Speer auf den Ochsen los und hielt eine Lobrede auf die beiden Kandidaten der Verbrüderung, zu welchem Akt das anwesende Volk seine Zustimmung gab. Danach stießen die Beiden ihre Speere dem Ochsen in die Brust, spülten dessen Blut in einem Becher Wasser ab, welchem sie von ihrem eigenen Blut beimischten. Einer gab dem Anderen davon zu trinken und sprach etwas vor sich hin. Schulz wählte mit ernsthafter Miene zu seinem Text den „Erlenkönig" u. f. w.

Die Howa sind im ganzen gravitätisch, erheucheln lauernd eine kühle Indifferenz, sind aber nichtsdestoweniger leidenschaftlich, empfindlich und rachsüchtig. Wie alle Madagassen zeigen sie sich äußerlich höflich, sind sie äußerst betriebsam und gerieben in Handel wie Wandel. An Zuverlässigkeit des Charakters lassen sie vieles zu wünschen übrig. Audebert entwirft in dieser Hinsicht von ihnen ein keineswegs schmeichelhaftes Bild.

Die frühere Religion dieses Stammes und auch der übrigen Madagassen war ein Wasser-Fetischdienst, welcher mancherlei Analogieen mit dem inner- und westafrikanischen aufweist. Man besaß eine Anzahl Hauptfetische, so z. B. Stückchen heiligen Holzes, aus Holz geschnitzte Eidechsenfiguren, einen Hauzahn des Larvenschweins, einen mit Sand gefüllten Sack oder auch Flaschenkürbisse und dergleichen Quark mehr. Jeder Fetisch wurde sorgfältig mit verzierten Stoffen umhüllt, auch wohl selbst mit Bändern, Perlen und dergleichen herausgeputzt, hatte sein eigenes Haus sowie seinen eigenen Schrein. Jedes Fetischhaus verfügte über seinen Wärter, eine angesehene erbliche Würde, welche dem mit ihr Bekleideten eine Anzahl nicht unbeträchtlicher Pfründen und Privilegien sicherte. Wer die Gunst des Fetisches erlangen wollte, pilgerte nach dessen Hause und lieferte dem Wärter die stets gern genommenen Opfergaben an Geld oder Naturalien aus. Zuweilen trug man die Fetische in Prozession umher, wobei sie an lange Stangen gebunden und mit schön verzierten seidenen oder sammetnen Decken verhüllt wurden.

Einer der Fetische des Howalandes hatte seinen Aufenthalt in einer unfern Antananariwo gelegenen Höhle; von dieser aus spendeten die Fetischwärter Orakel an die Befragenden. Den Fetischen wohnten verschiedene Eigenschaften inne. So vermochte der eine Krankheiten zu heilen, indem mit ihm in Berührung gebrachte Holzstückchen die beabsichtigte Wirkung thun sollten. Ein anderer bildete den Hort des Reiches und machte fest gegen Feuer, Krokodile und Zauberei. Wieder ein anderer verhütete Hagelschaden, einer schirmte die Reisenden, wieder einer verlieh Sicherheit gegen Dieberei u. s. w. Auch gab es Zauber, meist nur schnödes Baumlaub und Holzspäne. Jeder Fetisch war mit dem Fadi behaftet, was etwa dem Tabu der Polynesier entspricht. Das Fadi bestand darin, daß dem Fetisch manche Gegenstände oder Handlungen zuwider waren. So z. B. durfte der Reichsfetisch Kelimalaza weder an einem Freitage noch an einem Sonnabende umhergetragen und durften niemals die Gräser Horondrana und Tenona in sein Haus gebracht werden. Überhaupt war das Wesen des Fadi gerade bei den Howa sehr verwickelt und von den albernsten Vorkehrungen begleitet. Man hat nun die Satzungen des Fadi, dieses madagassischen Tabu, als wesentliche Stütze für die angebliche rein-polynesische Abstammung der Madagassen zu verwerten gesucht, hat aber dabei zu berücksichtigen vergessen, daß auch mit dem echt-afrikanischen Fetischdienste mancherlei ganz ähnliche Antipathicen und Verbote verbunden werden. Neben den Haupt- oder National-Fetischen existierten hier noch private Hausgötzen oder Sambi. Auch dergleichen werden von den verschiedensten afrikanischen Stämmen verehrt.

Bei Vergehungen oder in Nöten wurden Sühnopfer, Faditra, zur Abwendung des Unheils dargebracht. Man streute und pustete Asche umher, warf zerstückeltes Geld ins Wasser, warf einen Kürbis mit Gewalt auf die Erde u. s. w. Auch gab es heilige Bäume, Votivpfähle, Steine, welche mit den Schädeln von Ochsen, mit Körben, Matten, Palmblättern behängt, mit Blut oder Fett bestrichen wurden, u. s. w. Man benützte als heilige Gegenstände Grabsteine, eine Art megalitischer Denkmäler, d. h. nach Art von nordischen Hünengräbern zusammengestellte Steine u. dgl. mehr. Hoch im Schwunge stand die Sikidi oder Sikili d. h. Wahrsagerei. Nach Dahle legte man Steine, Bohnen u. s. w. in bestimmten Reihen nebeneinander und suchte aus den Reihen, die in verschiedenen Richtungen gelesen, bestimmte Bedeutungen zeigten, ein für konkrete Zustände und Fälle zutreffendes Augurium herauszulesen. Dies gab dann die Richtschnur für alle zur Abwendung von Zauber bestimmte Handlungen ab. Dieser Gebrauch erinnert einigermaßen an das Weissagen südafrikanischer Häuptlinge und Zauberer.

An afrikanische Art erinnert ferner die Furcht vor den Matautoa, Ambiroa oder Kolo, d. h. vor den Geistern der Gestorbenen. Man suchte dieselben durch Opfer zu versöhnen und bei Gnaden zu erhalten. Hauptaufenthalt dieser Geister ist der hohe waldbekränzte, zwischen Betsileo und Tanala gelegene Berg Ambondrombe, von dessen Gipfel her erschreckende Geräusche ertönen. Der Reisende Shaw, welcher diesen Gipfel erstiegen hat, schiebt die Entstehung solcher Geräusche auf den durch enge Schluchten streifenden, meist östlichen Wind, welchem von den vor dem Ausgange der Schluchten gelegenen Höhen ein gleichmäßiger Hindurchzug gewehrt wird.

Endlich betrieben die Madagassen auch Mond- und Sterndeuterei. Vergebens hat man aber bei diesem Volk nach deutlichen Spuren einer wirklichen Gottesverehrung gesucht. Die unter ihnen Christen Gewordenen hängen ihrer neuen Religion zum Teil mit Überzeugung und mit Innigkeit an, wie man das z. B. bei der unlängst nach Deutschland geschickten Howa-Gesandtschaft bemerkt haben will. Indessen scheint auch dieser Stamm (nach Audebert), von Hause aus heuchlerischen Charakters, im ganzen weit mehr nur die Vorteile des Verkehrs mit den wohlunterrichteten und technisch geschickten Missionären als die natürliche Liebe zur Religion im Auge behalten zu wollen. Unter dem chriſtlichen Deckmantel, welcher z. B. die Heiligung des Sonntags begünſtigt, wuchert noch der unſinnigſte Aberglaube. Man veranſtaltet jetzt nach wie vor alte ſtockheidniſche Augurien von der oben beſchriebenen Art.

Bei dem auch in Madagaskar allgemein herrſchenden Glauben an das Fortleben der Geiſter der Verſtorbenen haben ſich umſtändliche Beſtattungsfeierlichkeiten entwickelt. Der Tod an ſich wirkt angenommenermaßen verunreinigend auf die Umgebung. Die ſelbſt nur einmal benutzte Totenbahre wird als unrein weggeworfen, die Kleider der Zeugen eines Begräbniſſes müſſen gereinigt werden. Erſt einen Monat nach ſtattgehabter Beſtattung dürfen die Teilnehmer derſelben das Königshaus betreten oder ſich ihrem Herrſcher nahen. Bei den Howa werden nach Sibree und anderen die Gräber mit rohen, durch langſame Feuerwirkung losgeſprengten Platten von angeblich augitiſchem Geſtein ausgefüllt, deren Transport nach entlegenen Ortſchaften mit vielen Beſchwerden verknüpft iſt. Alt und jung, Freie und Sklaven, beteiligen ſich unentgeltlich an derartigen Transporten. Der Gräberplatz wird bei Vornehmen für deren Familie mit einer Lehmmauer eingehegt. Ein ſolcher liegt manchmal auf oder neben dem Hof des Beſitzers. In den Grabhöhlen ſelbſt pflegte man früher die roh zugerichteten Platten ohne Mörtel in hohen Bauten zuſammenzufügen, jetzt aber mauert man für angeſehene Perſonen wirkliche Grabmonumente, ſelbſt umfangreiche Mauſoleen auf, und verſieht ſie mit architektoniſchen Zieraten nach europäiſchen oder arabiſchen Muſtern. Die Leichen werden in möglichſt viele Lambas eingewickelt, welche bei angeſehenen Leuten aus roter Seide beſtehen müſſen. Die alte, bei den ſüdafrikaniſchen Damara oder Herero noch heut beſtehende Sitte, alle Gräber mit Potivpfählen zu bepflanzen und an dieſe die Schädel der bei den Totenmählern geſchlachteten Ochſen aufzuhängen, iſt auf Madagaskar jetzt in Abnahme gekommen. Innerhalb der Stadt Antananarivo darf kein Toter mehr beerdigt werden. Über dem Grabe eines vornehmen Howa errichtet man hölzerne fensterlose Häuser, in denen häufig der wertvollste Besitz des Verstorbenen niedergelegt wird. Die Könige werden in silbernen, aus zusammengeschweißten Thalern hergestellten Särgen beigesetzt. Nach dem Tode eines Herrschers wird eine große Landestrauer veranstaltet und auf zum Teil recht absonderliche Weise ausgeübt.

Die Betsileo schmücken ihre Gräber mit Stein- und Holzbauten, auch mit zierlich geschnitzten Holzpfählen. Diese könnte an die polynesischen Moraïs erinnern.

Das Gerichtsverfahren der Madagassen beruhte früher zum großen Teil auf der Anwendung von Ordalien oder Gottesurteilen. Obenan stand die Verordnung des Tangena oder Tangen, eines Gifttrankes, mittelst dessen man Zauberer und Bezauberte entdecken, Diebe und Mörder entlarven, auch Entscheidungen über das Besitzrecht treffen zu können glaubte. Tangena ist ein kleiner Baum aus der Familie der Apocynaceen (Tanghinia venenifera), mit sechs Zoll langen, fleischigen, an den Zweigenden befindlichen, und steif emporgerichteten Blättern, sowie mit zwei bis drei Zoll langen rundlich-eiförmigen, grün und purpurgetüpfelten Steinfrüchten. Aus letzteren wurde der betreffende Gifttrank bereitet, welchen man bei geringeren Besitzstreitigkeiten den herzugebrachten Hunden, Hühnern oder dergleichen eingab. Starb eines der Versuchstiere, so wurde sein Besitzer verurteilt. In schwereren Fällen mußte aber der Verklagte den Trank selber zu sich nehmen. Blieb die Person am Leben, so war sie unschuldig. Starb dieselbe, so galt ihre Schuld als erwiesen. In Antananarivo wurde während der Heidenzeit das Tangenagift nur dann als Beweismittel angesehen, wenn es als starkes Brechmittel wirkte. Der Angeklagte mußte hierbei eine große Portion Reis, alsdann drei etwa thalergroße Stücke von der Haut einer bestimmten Vogelart und endlich eine Probe von der gestoßenen, mit Bananensaft gemischten Tangenafrucht zu sich nehmen. Eine Art Fetischpriester und Hexenbeschwörer, der Panazu doha, legte die Hand auf den Kopf des Angeklagten und rief ihm die Verwünschungsformeln zu, welche ihn im Falle der Schuld persönlich treffen sollten. Bald darauf bekam der Angeklagte viel Reiswasser zu trinken. Darauf erfolgte starkes Vomieren. Fand man nun in dem Erbrochenen die drei Stücke Vogelhaut wieder, so lag die Unschuld zu tage; fand man sie nicht, so war die Schuld klar erwiesen. Die angeblich überführten Sklaven wurden in entfernte Orte verkauft. Dagegen wurden die Sklaven des königlichen Hofhaltes ebenso wie die Freien, welche in dem Gottesurteil unterlegen waren, mit Reisstampfen erschlagen, erdrosselt, zum Hunger- oder selbst zum Feuertode verdammt. Indessen wirkte das Gift häufig so schnell und so stark, daß der es Genießende noch während der Prüfung verstarb. Am 29. März 1830 gab man zu Antananarivo einer großen Anzahl Personen, darunter hohen Würdenträgern, den Tangenatrank. Die hierbei befindlichen Adligen wußten die üblen Folgen von sich abzuwenden, wogegen die Geringeren sämtlich starben. Die siebzehn Überlebenden hielten dann, hoch zu Palankin, unter dem Jubel der Menge ihren Einzug in die Stadt. Wie bei den meisten Hexenprozessen in Afrika und selbst in der europäischen Vergangenheit, spielt die Habsucht des Richters eine hervorragende Rolle. Wird der Sti, oder Beamte, welcher den Trank zu machen hat, vorher gehörig bestochen, so mischt er das Gift in so günstigen Verhältnissen, daß der Angeklagte durchkommt. Man hat es also in seiner Gewalt, zu retten oder zu opfern, wen man will. Stirbt der dem Ordal Unterworfene, so erhält der Sti den vierundzwanzigsten Teil des fast immer mit Beschlag belegten Vermögens des Geopferten. Kommt der Angeklagte durch, so hat er dem Sti Geschenke an Geld und Naturalien einzuhändigen. Arme Leute verlieren in den meisten Fällen das Spiel. Sibree erzählt, das Volk habe fest an die übernatürliche Macht dieses Gottesurteils geglaubt und öfters selbst von den Behörden verlangt, durch den Trank geprüft und dadurch von irgend einem Verdacht gereinigt zu werden. Dies geschah, trotzdem die Leute mit Sicherheit voraussehen konnten, daß einige von ihnen ihrer Leichtgläubigkeit zum Opfer fallen würden. Da manchmal ganze Dörfer sich dem Gottesurteil unterwarfen, so war die durch dasselbe veranlaßte Sterblichkeit sehr groß. Leute, welche zur Zeit der Christenverfolgung zum Tangenatrank verurteilt worden waren, hatten zwar die oben erwähnten Hauptstücke unverletzt von sich gegeben, wurden aber nichtsdestoweniger noch zwei Tage lang scharf beobachtet. Sie durften nicht einmal ausspeien, um sich von dem bitteren Geschmack im Munde zu befreien. Hätten sie dies gethan, so würden sie nachträglich doch mit dem Tode bestraft worden sein. Seit 1865 ist zwar das Tangena verboten, indessen taucht es selbst im Howa-Gebiet immer wieder von neuem auf. So z. B. haben nach Sibree im Jahre 1878 die Einwohner eines unfern Antananarivo gelegenen Dorfes bei Gelegenheit einer Fieberepidemie das Tangena zu sich genommen. Mehrere sind daran gestorben, die übrigen Dorfbewohner wurden indessen von der Regierung strenge bestraft.

Die Howa unterhalten in jeder größeren Ortschaft einen Richter nebst Beisitzern. Die Bestechlichkeit dieser Beamten soll alle Grenzen übersteigen.

Dies Volk teilt sich in drei ziemlich scharf voneinander gesonderte Klassen ab. 1) Andriana oder Adlige. Sie heiraten nur unter sich und verdanken ihre Entstehung wohl teilweise fremden Eingeborenenstämmen. In gewissen Gebieten der Insel scheinen die Andriana von arabischen und komorischen Einwanderern abzustammen, d. h. von jener Art Leuten, wie sie sich durch Klugheit und zähe Energie hier und an anderen Stellen sowohl Afrikas als auch Asiens, eine bevorzugte Stellung zu erwerben verstehen. Ein übriger Teil der Adligen der Howa schreibt sich von alten fürstlichen Landesfamilien und von geringeren aber verdienstvollen Leuten her. Wieder andere verdanken ihr Emporkommen der Herrscherlaune. Unter dem ersten Radama wurden eine Menge Wohinanitra kreiert, eine Art Bevorrechtigter, welche man aus der Zahl verdienter Beamter und

Kriegsleute wählte. Indessen waren diese Wohinanitra keine erblichen Andriana. Letztere zerfallen wieder in Miramila oder Krieger und in Borizano oder Civilpersonen. Ihnen gehören die Minister, Gouverneure, Offiziere, höheren Zollbeamten, Richter und großen Kaufleute an. Die geringeren Kaufleute, die Handwerker, niederen Militärpersonen, Jäger, Fischer, Schiffer u. s. w. zählen zu einer geringeren Klasse. Dieselben bilden 2) die Howa, d. h. den Mittelstand, die Bürgerlichen. Obwohl Freie, sind die Howa dennoch zu unentgeltlichen Frohndiensten, Fananpoana, gegen die Königin und deren Regierung verpflichtet. 3) Die Sklaven, Andewo, stammen meist von Kriegsgefangenen aus den Zeiten Radama I. und seiner bösen Witwe Ranowa= lona I. sowie von eingeführten afrikanischen Schwarzen, endlich von solchen Howa ab, welche als Zazahowa wegen Schulden oder Vergehungen der Sklaverei verfallen sind. Diese drei Klassen der Andriana, Howa und Andewo vertreten insofern wirkliche Kasten, als die ersteren nicht Howa, diese nicht Andewo zu heiraten pflegen. Manche Unterklassen der Andriana besitzen eine Art von besonderen Adelsprivileg. Die eingeführten Afri= kaner sind jetzt meist Freie geworden. Übrigens ist die Sklaverei hier sowenig wie auf dem afrikanischen Festlande irgend wie drückend. Baron v. d. Decken beklagte sich mir gegenüber bitter über die Impertinenz verschiedener madagassischer Sklaven, welche sich als zur Familie gehörig betrachtet und stets eine Art Privileg zu ihrer Arroganz gesucht hätten.

Von allen Seiten hört man es übrigens bestätigen, daß die Andriana im Verkehr niemals auf ihre Stellung und Pri= vilegien pochen. Sie thun sich in nichts Besonderem vor den übrigen Gliedern ihrer Nation hervor. Das Howa=Reich ist ein despotisch regierter Staat, in welchem der Herrscher, zur Zeit wie wir wissen ein weiblicher, seinen obersten Willen diktiert. Dieser Wille aber zügelt und zwingt das ganze Land auf eine ebenso geheimnisvolle wie starke Weise. Zwar fehlt es dem Howa=Regiment nicht an jenen vielseitigen Schwächen und In=

korrektheiten, die wir mit dem Kollektivnamen: „orientalische Wirtschaft" bezeichnen wollen; indessen muß man doch anerkennen, daß sich ihr Staatsorganismus mit leidlicher Festigkeit durcharbeitet. Hier scheint eine überlieferungsgemäße Richtschnur zu existieren, welcher die Beamten unbedingt Folge leisten. Da allerhand schreckliche Strafen an Leib und Leben, die Ungehorsamen und Saumseligen bedrohen, so üben die Beamten mit halb instinktiver Folgerichtigkeit ihre Befugnisse aus. Die Königin beutet, wie Audebert uns kennen lehrt und was auch v. d. Decken ausgesprochen hat, ihre Untergebenen auf schonungslose Weise aus, indem sie alles was sie im Besitztum dieser Leute auskundschaftet, zum Geschenke heischt. Eine Ablehnung würde schwere Ahndung nach sich ziehen. Wie furchtbar und wie unheimlich rücksichtslos der hiesige Despotismus waltet, das erzählt Audebert in folgender wahrhaft erschütternden Weise: „Hat ein hoher Beamter den Verdacht auf sich gezogen, den höchsten Interessen entgegen zu handeln, oder wird ein Truppenbefehlshaber zu einflußreich, dann ist sein Schicksal stets entschieden. Die ganze Geschichte wird aber so geräuschlos und höflich abgemacht, daß man jahrelang auf Madagaskar leben kann, ohne davon Kenntnis zu haben. In einem solchen Falle nämlich erscheint eine Gesandtschaft der Königin, welche vorerst dem Betreffenden deren Zufriedenheit ausspricht und ihren Dank für seine gewissenhafte Amtserfüllung. Darauf findet ein Festessen statt, woran alle am Platz befindlichen Offiziere teilnehmen. Hier wird dem Verurteilten nun eine Frucht oder ein Becher mit einer Flüssigkeit überreicht als Geschenk der Königin und Zeichen ihrer Gnade mit dem Ersuchen, die Frucht zu essen oder den Becher auf ihr Wohl zu leeren. Jetzt geht allerdings dem Unglücklichen, der wohl schon früher ähnlichen Fällen beigewohnt haben mag, ein Licht auf, und nun tritt das Unerhörte ein, welches beweist, von welch' allmächtiger Gewalt der Despotismus sein kann, wenn er von Jugend an die Freiheit des Denkens und Handelns unterdrückt hat. Zitternd setzt der dem Tode Verfallene den

Becher an die Lippen, trinkt mit dem Rufe: Es lebe die Königin! und zieht sich dann zurück, um zu sterben. Freilich wäre er im Weigerungsfalle gleichfalls verloren, denn unter dem Vorwande, nicht auf das Wohl der Königin trinken zu wollen, würde er sofort als Verräter von Lanzen durchbohrt niedersinken. — Man sollte meinen, ein Mann und hauptsächlich ein Soldat würde letzteren Tod vorziehen; es ist aber kein Fall bekannt, daß ein zum Giftbecher vielleicht schuldlos Verdammter diesen in einem Gefühl entrüsteter Aufwallung zerschmettert hätte. Nein, der Howa bleibt gehorsam und — anständig bis in den Tod! Sich zu widersetzen kommt ihm gar nicht einmal in den Sinn." Nach Lacaze überreicht den mißfällig gewordenen Personen ein Simandoa oder Abgesandter der Königin nicht selten ein eisernes Stäbchen mit dem Ersuchen, es sich von unten her in den Körper einzuführen. Hat nun der also Verurteilte nicht den Mut zur Ausführung der eigenhändigen That, so übernimmt der Simandoa dieselbe und es stirbt der Betroffene an den Folgen einer solchen Operation, ohne wesentliche (vom Volke stets verabscheuete) Blutspuren zu hinterlassen.

In diesem sonderbaren Staate werden beim Antritt der Regierung eines neuen Herrschers die abergläubischsten Huldigungsceremonieen geleistet. Höhere Personen vollziehen nach Sibree das Lefonombi oder das Spießen des Kalbes, indem sie ein solches Tier schlachten, ihm die Knochen zerbrechen und bei den hineingesteckten Speeren schwören, wie das verstümmelte Tier zu werden, falls ihrerseits ein Treubruch begangen werden sollte. Das geringe Volk begnügt sich mit dem Welirono oder dem Schlagen und Beschwören eines Teichwassers oder eines mit Wasser gefüllten Kahnes, wohinein man vorher allerhand unsinnigen Kram geworfen hat.

Erteilt die Königin einem ihrer Unterthanen oder einem Fremden Gehör, oder vollführt irgend einer ihrer Würdenträger als ihr Stellvertreter eine feierliche Amtshandlung, so wird der Hasina, ein spanischer Kolonnaden- oder französischer Fünffrankenthaler unter Segenswünschen für das Gedeihen der Herrscherin als Geschenk dargebracht.

Sobald die Königin ihren Palast verläßt, wird sie von den Würdenträgern, von Soldaten und Dienern umringt und geleitet. Über ihr wird, wie bei den afrikanischen Despoten in Dahome, Aschanti, Wadai, Bagirmi, in Abyssinien u. s. w., ein Sonnenschirm gehalten, der die scharlachne Leibfarbe des Howakönigtums zeigt. Alles was auf den Straßen geht, auch die Fernstehenden, verneigt sich ehrfurchtsvoll, reckt die Hände aus, spricht Begrüßungs= und Segenswünsche aus, sobald nur der königliche Aufzug sichtbar wird. Die Herrscherin ruht auf hohem Tragsessel, steigt aber, von weiteren Reisen zurückkehrend, auf dem in Antananarivo befindlichen heiligen Stein ab, von wo aus sie die Parade der Truppen abnimmt und dem Donner der Geschütze lauscht, welche zu ihrer Begrüßung abgefeuert werden. In jeder Versammlung besteigt sie den am höchsten gelegenen Platz, so z. B. in der Kirche die höchste Galerie. Wird ein Haus aufgebaut, so spendet der Eigentümer dem höchsten anwesenden Truppenbefehlshaber einen Hasina oder Thaler und vollzieht damit die symbolische Anerkennung der Oberhoheit des Herrschers über allen Grund und Boden.

Die Ehrfurcht vor dem Herrscher äußert sich ferner bei jedem Gastmahl, möge es noch so fern von der Hauptstadt abgehalten werden, indem sich dabei der Toastende nach der Richtung des königlichen Palastes hinneigt. Tritt eine Truppe, auch auf dem entferntesten Wachtposten des Landes, unter Gewehr, so wendet sie sich beim Präsentieren der Waffe ebenfalls der Richtung des Königspalastes zu. Wird königliches Eigentum durch die Straßen getragen, so weicht jedermann, das Haupt entblößend, auf die Seite. Läuft gerade ein Hund vorbei, so wird er ohne weiteres niedergestoßen. Sibree vergleicht diesen Gebrauch mit einem ähnlichen Zeremoniell am Hofe des alten Hawaikönigs Kameamea.

Bei jeder am Königspalast vorzunehmenden Arbeit wirkt

Fig. 25.

Audienz einer britischen Gesandtschaft vor der Howa-Königin zu Antananariwo.

hoch und niedrig aus freiem Antriebe und mit möglichstem Eifer. Hat die Königin eine öffentliche Botschaft auszurichten, so geschieht dies in der Kabari oder Volksversammlung, in welcher Einige mit vollem Unrecht die ersten Anfänge einer Repräsentativverfassung erblicken wollen. Diese Kabari werden vom ersten Minister eröffnet, der stets die königliche Botschaft verkündet. Die Vertreter der verschiedenen Klassen antworten in stundenlangen wohlgesetzten Reden. Dabei geraten sie manchmal in lebhaften Affekt, werfen das Umhängetuch ab, greifen zu den Waffen, tanzen, springen umher und brüllen. Die ganze Versammlung stimmt dann in die Begeisterung ein, welche sich gegen wirkliche und eingebildete Feinde der Königin zu wenden pflegt. Dies errinnert an Szenen, wie sie an afrikanischen Höfen, bei Abyssiniern, Gala, Waganda u. f. w., wie sie in der Khotla, in Schauris und Palavern vor sich gehen. Manchmal hält die Königin selbst, unter großem Gepränge, ihre Kabaris ab. Der geistvolle Reverend W. Ellis bildet in seinen „Visits to Madagascar" sehr hübsch eine Prozession von königlichen Prinzen und Prinzessinnen sowie eine Audienzszene zu Antananarivo ab.

Unter den Howa-Beamten werden nur die Schullehrer regelrecht besoldet. Alle anderen, vom höchsten bis zum niedrigsten, leben von Privateinkünften, von der Hafina (S. 79), von sonstigen Geschenken, von Erpressungen und Diebstählen, welche sie an den Regierungskassen begehen. Die nicht unbedeutenden Einkünfte der Gouvernements erwachsen aus den Zöllen und Steuern. Sie werden entweder vom Hofhalte verschlungen oder verschwinden auf dem Wege der Veruntreuungen.

Die bisher scheußlich gehaltenen Wege (Fig. 26) sind erst jetzt behufs allmählicher Verbesserung in Angriff genommen worden. Nur sehr wenig Geld wird auf Unterhaltung und Armierung der im Lande zerstreuten, aus Steinwällen oder festen Palissadenreihen bestehenden Forts oder auf die Bewaffnung und Equipierung des Heeres verwendet. Weder Offiziere noch Soldaten erhalten Löhnung. Kein Wunder, daß auch diese

Fig. 26.

Baumsteg auf Madagaskar.

Tamatave vom Meere aus gesehen.

Fig. 28.

Straßenscene in Tamatawe.

armen, oft schwer geplagten und ausgebeuteten Menschen sich auf Erpressung, Plünderung und Diebstahl verlegen. Mit ihrer schlecht disziplinierten und halbverhungerten Armee vermag die Howa-Regierung höchstens den eingeborenen Horden zu imponieren, europäischen Feinden gegenüber aber nur dann etwas zu leisten, wenn sie sich die Unwegsamkeit des Landes und die Ungesundheit namentlich des Küstenklimas geschickt zu Nutze zu machen versteht.

Der Handel Madagaskars ist nicht unbedeutend, ruht aber meist auf den Plätzen der Ostküste. Hier ist Tamatawe das Hauptemporium. Hervorragende Ausfuhrartikel sind Häute, Hörner, Talg, Wachs, Rinder, Schweine, Schmalz, gesalzenes Fleisch, Federharz, etwas Kaffee und Vanille, viele Matten und aus Schraubenpalmblättern verfertigte Säcke zum Emballieren des Rohrzuckers, des Kaffees, Tabaks und Reises. Eingeführt werden dagegen graue und gebleichte, auch farbige Baumwoll= gewebe, fertige Kleidungsstücke, Schirme, Wäsche, Glaskorallen, Quincaillerien, Porzellan, Steingut, Glasware, Wein, Rum, Liköre, Petroleum, Eisengerät, kleineres Hausgerät, Pferde u. s. w. Während nun zur Zeit Franzosen und Engländer heimlich mit= einander um die politische Hegemonie hadern, haben nach J. Robert die Amerikaner den größten Teil des madagassischen Handels an sich gebracht. Sie monopolisieren jetzt zum Nachteil der früher ein= geführten Manchestergewebe den Vertrieb der Baumwollenartikel. Auch deutsche Handelshäuser entwickeln zur Zeit einige Rührig= keit. Der Handel mit dieser Insel würde sich noch weit günstiger gestalten, wenn deren Eingeborenen minder faul und indolent, minder mißtrauisch gegen Fremde, in Handelsangelegenheiten nicht so entsetzlich neidisch und im Geldausgeben nicht so knauserig wären. Nach Tamatawe schaffen übrigens die an kleineren Küstenplätzen verstreuten europäischen Kaufleute ihre Export= artikel mittelst Küstenfahrzeugen. Ein guter Teil der natürlichen Erzeugnisse des Landes bleibt unbenutzt. Man läßt zahllose Häute von Rindern und Ziegen verfaulen, Waldhölzer und Früchte verkommen u. s. w.

Haupthindernisse für den Aufschwung des Handels bilden der Mangel an ordentlichen Verkehrswegen, sowie die Umständlichkeit und die mangelhafte Entwickelung des Transportes von Personen und Sachen. Gebahntere Straßen bereist man auf Tragsesseln, Filanjana, welche von 8—12 Leuten, welche sich

Fig. 29.

Filanjana.

alle Augenblicke ohne anzuhalten ablösen, in schnellster Gangart von dannen bewegt werden. (Fig. 29.) Solche Träger schaffen täglich an die 60 Kilometer Weges. Übrigens reitet man auch Zebus und Pferde. Europäer müssen, um unterwegs kampieren zu können, Reisezelte, Thee und Kaffee, Kochgeschirr und Provisionen mit sich führen. Waren werden wie in Afrika, auf den Köpfen der Träger weitergeschafft. Diese rekrutieren sich meist aus dem Stamme der Besanzano. Sibree rühmt den guten Willen der Personen- und Lastträger. Die Flußreisen werden auf etwa 40 Fuß langen und drei Fuß breiten Kanoes, Einbäumen aus dem Holze des Warongi (Calophyllum inophyllum) zurückgelegt. Jeder derselben wird mit einigen spatelförmigen Rudern fortbewegt.

Die Howa-Regierung erhebt in Waren zahlbare Einfuhrzölle von 10%. Ausgeschlossen vom Import sind Pulver und Blei, welche bloß das Gouvernement einführen darf, vom Export sind Kühe und Bauholz ausgenommen. Die 10–35% betragenden Ausfuhrzölle werden nach einem bestimmten Tarif erhoben.

Man unterscheidet Wolatsiwaki, d. h. unzerteiltes Geld, d. s. ganze Kolonnaden- oder Fünffrankenthaler und geteiltes Geld, indem man den Thaler zunächst in vier Stücke teilt und diese einzeln abwägt. Andere kleinere Münzeinheiten werden bei den Howa durch noch feinere Münzzerstückelungen und durch Reiskörner beglichen. Gern vergräbt der geizige und habgierige Madagasse sein bares Geld.

Die Anzahl des Howa-Volkes wird sehr verschiedenartig angegeben, dürfte aber nach Grandidier in Imerne allein eine halbe Million betragen. Ihre Hauptstadt Antananariwo, d. h. die Tausend-Stätte, ist auf hügeligem Terrain gelegen. Terrassenförmig sich erhebend bietet die Stadt mit ihren vielen Hütten, ihren größeren Giebelhäusern und ihren Kirchen natürlich einen imposanteren Anblick als die übrigen Ansiedelungen dar. Der königliche Palast ist mit einem hohen schmal zulaufenden Giebeldach und mit luftigen, von starken Balken gestützten Verandas umgeben (Fig. 25). Dergleichen zeigen auch andere bessere Gebäude (Fig. 30). Nur wenige derselben bestehen aus Stein, die meisten sind aus Holz, Bambus, Binsen und Lehm aufgebaut. Die Schindelbedachung ist selten, meist sieht man nur die auf S. 62 erwähnte Art von Dachwerk angewendet. Die Straßen sind bei der völligen Regellosigkeit der Gebäudeanlagen hin- und hergebogen, steil, holprig und nach schlechtem Wetter kaum

Fig. 30. Antananarivo.

passierbar. Auf den hiesigen Marktplätzen geht es lebhaft her: nach einem Bericht vom 15. Mai 1882 wurden daselbst Reis, Mais, Kaffee, Wachs, Zucker, Roheisen, Rinderhäute, Hausgeflügel, Zeuge, Seife, Rinder, Schafe, Rindstalg, Klauenfett, Rind- und Schaffleisch, Schmalz, Rizinusöl, Hanf, Ziegel und Kartoffeln feilgeboten. Eine Aufzählung der damals üblich gewesenen Marktpreise dürfte jedoch hier zu weit führen.

Tamatawe ist eben gelegen und zeigt zwischen seinen von luftigen Pergolas umgebenen Häusern ein reges Verkehrsleben. (Fig. 28.)

C. Die außer dem Howa-Reich gelegenen Gebiete und Stämme von Madagaskar.

Der mächtigste und interessanteste Stamm nächst den Howas sind die Sakalawas (das a in der Mitte weniger hörbar). Dieselben nehmen fast die die gesamte Westküste ein. Der Name Sakalawa ist eine Sammelbezeichnung, mittels deren man die vielen Stämme des Westlandes, welche früher ein jeder von eigenen Fürsten beherrscht wurden, zu umfassen pflegt. Der spezielle Name Sakalawa dürfte eigentlich nur auf einen ursprünglich an einem gleichnamigen Flusse angesiedelt gewesenen Stamm des Südwestens Anwendung finden. Dieser Stamm hat die übrigen Weststämme allmählich unterjocht und ihnen den oben aufgeführten Gesamtnamen hinterlassen. Man teilt jetzt die westlichen Stämme der Insel in die Sakalawa von Menabé oder diejenigen des Südens und in die Sakalawa von Iboina oder die Sakalawa des Nordens ein. Zu Anfang des vorigen Jahrhunderts waren diese Leute ein sehr mächtiges Volk, welches verschiedene andere Inselstämme unterjocht hatte und welchem im Beginn dieses Jahrhunderts selbst noch die Howa gehorchten. J. Prior erzählt, daß zur letzteren Zeit die Sakalawa einen lebhaften Handel mit Europäern und Komoranern trieben, ja

Fig. 31.

Bai von Bembatof.

Fig. 32.

Nossibe.

daß sie mit ihren wetterfesten und gut bemannten Kanoes sogar die einsam gelegenen Küstenorte von Mosambique beunruhigt hätten. Ein Sammelplatz ihrer Kanoe-Flottillen war die Bembatok- oder Bombetok-Bai (Fig. 31).

Radama I. hat nun seinerseits wieder die Sakalawa unterjocht, welche noch heute, soweit der Einfluß der Howa-Garnisonen sich erstreckt, der Königin zu Antananarivo scheinbar huldigen, sich übrigens aber, namentlich im Süden der Westküste, gänzlicher Unabhängigkeit erfreuen. Ein Teil der nördlichen Sakalawas hat sich, um der tyrannischen Herrschaft der Howa zu entgehen, in den Schutz der französischen Ansiedelung zu Nossibe (Fig. 32) begeben.

Fig. 33.

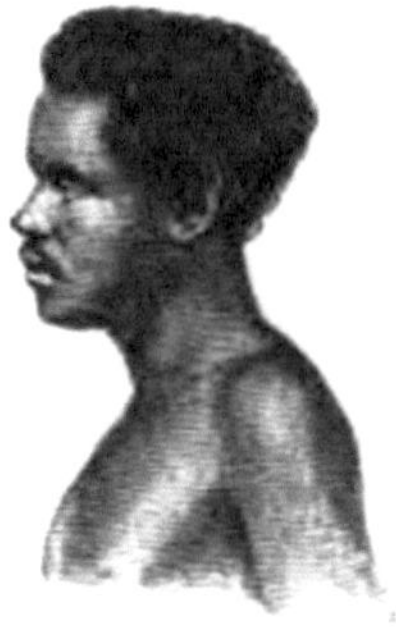

Sakalawa.

Hildebrandt, welcher die Sakalawa nach wissenschaftlich-anthropologischer Methode untersucht und eine Anzahl derselben gemessen hat, beschreibt dieselben als mittelgroße, schlanke aber dennoch kräftige Leute mit breiter, platter Nase, dicken Lippen und geringem oder gänzlich fehlendem Bartwuchs. Der Kopfbau ist nach den von R. Virchow veranstalteten Schädelmessungen mittelköpfig mit einer Hinneigung zur Kurzköpfigkeit. Das Gesichtsprofil ist nach Hildebrandt negroid, d. h. demjenigen unserer Nigritier ähnlich. Nach Aurel Schulz haben die südlichen Sakalawas eine breite aber vorragende Nase, zeigen jedoch nicht so breite und wulstige Lippen wie die Kaffern. Weder die nach

Berlin gesendeten Sakalawa=Schädel noch das beifolgende, an=
geblich einem echten Sakalawa=Manne angehörende Profil (Fig. 33)
lassen eine sehr ausgesprochene Schiefzähnigkeit (Prognatie) er=
kennen. Wenn Hildebrandt daher von einer durchweg prognaten
Kieferstellung dieser Menschen spricht, so glaubt Virchow dies
daraus erklären zu können, daß jener Gewährsmann außer der
Stellung der Kieferknochen auch die der Lippen in Betracht ge=
zogen habe. An dem hier abgebildeten Profil fällt die starke
Wölbung der ziemlich hohen Stirn und die ziemlich hohe Scheitel=
entwickelung auf. Virchow bemerkt von den Sakalawa=Schädeln,
daß deren beträchtliche Höhe das Gesicht entschieden drücke,
so daß, da zugleich die hohen Augenhöhlen einen großen Teil

Fig. 34.

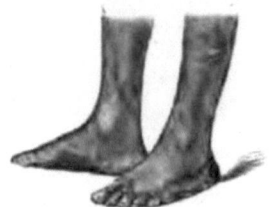

Füße eines männlichen Sakalawa.

des Raumes wegnehmen, für den Kieferanteil ein verhältnis=
mäßig beschränkter Platz bleibt. Die Jochbogen stehen an den
Schädeln stark hervor und sind sehr gebogen; die Seitenteile
des Gesichtes werden dadurch um ein Beträchtliches verbreitert.
Die Schultern sind breit, die Waden meist entwickelt. Hilde=
brandt rühmt die schöngeformten Füße dieses Stammes. Bei=
folgende Abbildung läßt jene unter den Nigritiern so verbreitete
ausgetretene Fußbildung mit etwas vorstehenden Hacken und
zwar kurzen aber wohlgegliederten Zehen erkennen (Fig. 34).
Das Haar der südlichen Sakalawa ist lang, wellig, mit nur
geringer Neigung zur wollartigen Aufrollung. Das umfang=
reiche dichte Haartoupée dieser Leute erinnert im ganzen an die

(natürliche) Tracht dieser Bedeckung unter den verschiedensten Stämmen Ostafrikas (Fig. 35).

Die Frauen flechten ihr Haar in viele kleine lockenartige Bündelchen (Fig. 36). Dem dunklen Hautkolorit dieser Leute liegt ein an das Vandyckbraun unserer Malerateliers erinnernder, in Bister- und Asphaltbraun variierender Ton zu Grunde. Die im allgemeinen afrikanisch-nigritisch organisierten Sakalawa

Fig. 35.

Haartracht eines (dem Bechuana-Volk angehörigen) Mantati Südafrikas.

dürfen, wie wir S. 42 bereits angedeutet haben, weniger mit den Bantu oder Kaffern als mit nördlicher von diesen wohnenden Stämmen in Einklang gebracht werden. Sie verdanken als individuenreiches kompaktes Volk — J. Mullens schätzt ihre Anzahl auf 500 000 — ihren Ursprung keineswegs eingeführten afrikanischen Sklaven, sondern höchstens einer echt-afrikanischen Invasion. Wann diese etwa stattgefunden haben könnte, bleibt vor der Hand noch völlig dunkel. Daß übrigens die Sakalawas hier und da einer Mischung mit fremden, nichtafrikanischen Bevölkerungselementen anheimgefallen sind, beweisen die physischen Züge nicht nur vieler Individuen, sondern sogar ganzer Familien. Komoraner, Araber und Malayen dürften bei dieser Mischung ein Hauptkontingent geliefert haben.

Die Sakalawa gürten sich mit einem Lendenschurz, welcher

Fig. 36

Sakalawa-Frau.

nach Hildebrandt einem dunkelgefärbten, eigentümlich gemusterten Gewebe der Raphia-Palme (S. 16) angehört. Außerdem tragen sie die landesübliche Lamba über der Schulter. Um den Hals wird eine Schnur roher Glasperlen, um die Knöchel wird eine Kette von Eisendraht mit zollgroßen Gliedern gelegt. Seitlich an der Stirn wird eine Jela, d. i. der geschliffene weiße Deckel eines Seeschneckengehäuses, oder ein blankes, gebuckeltes und mit Perlen besetztes Kupferschild getragen. In die Haare werden Perlschnüre, Bergkrystalle u. s. w. geflochten. An der freigetragenen Brust, am Oberarm oder Handknöchel befestigen sie merkwürdige Amulette, mit Perlen verzierte Zähne des Larvenschweins, Knochen vom Krokodil, geweihete Holzstücke, mit Arznei- oder Zaubermitteln gefüllte Ziegenhörner u. dgl. Als Waffen dienen zwei lange Lanzen, eine mächtige Steinschloßmuskete und eine Reihe Patronenhülsen, an deren jeder ein kleines Messer befindlich ist. Solch ein Sakalawa-Krieger gleicht nach Hildebrandts Idee so sehr einem Kaffer, daß der Reisende keinen durchgreifenden Unterschied zwischen Beiden zu machen gewußt hat.

Die meisten Sakalawa-Dörfer liegen im Schatten einiger höheren Bäume. Unter einem derselben befindet sich der mit Steinen im Kreise belegte Versammlungs- und Opferplatz. Die Hütten werden aus den Blattstielen der Rawenala gebaut und mit den Blättern desselben Baumes gedeckt. Sie stehen der Regengüsse halber auf Pfählen. Zur Dielung dienen ebenfalls die Blatttstiele jener Musacee. Jedes Grundstück ist mit einem hohen Zaun von Rohr oder Rawenalablattstielen umgeben. Die verlängerten Giebelsparren der Howa-Häuser fehlen hier.

Die Südsakalawa und die in Südmadagaskar wohnenden Antenossi schmieren nach A. Schulz — ihre Zähne mit einem schmutzfarbenen Tabakspräparat ein. Eine sehr beliebte Haartour besteht hier darin, die Haare in eigroße Knoten zu wickeln und mit einer weißen aus Fett und Thon bestehenden Masse einzukleistern. Andere tragen kleine Flechten oder lassen das ziemlich lange Haar wüst emporstehen. Die Mädchen schmieren ihre Gesichter öfter mit farbigem Thon ein.

Wenn Leute aus diesen Stämmen heiraten, so wird ein Ochse geschlachtet und es fließt dabei die Toaka, d. i. süßer gegohrener Zuckerrohrsaft in Strömen. Der Mann bringt ein Stück urbaren Landes, die Frau das Hausgerät zur Mitgift. Die Hütten werden aus Schilf und Stroh gebaut. Statt der Thüren dienen verschiebbare Strohmatten. Jedes Dorf wird

Fig. 37.

Madagassische Schmiede.

von einem Zaun, gewöhnlich Kochenille-Kaktus, (Fig. 37, im Hintergrunde) umzogen.

Sie beziehen ihr Eisen von den Händlern der Küste und schmieden daraus säbelartige Sicheln zum Kornschneiden, sowie kleine an geraden Stielen befestigte Spaten. Zum Schmelzen der Eisenerze werden cylindrische, an diejenigen der Papua erinnernde Blasebälge und niedrige, aus Lehmpatzen und Steinen aufgebaute Herde benutzt (Fig. 37).

Sobald hier eine Frau niederkommen will, legt sie sich fest in Baumwollentücher gewickelt, vor ein hellbrennendes Feuer. Während des Aktes tanzen und singen die Verwandten um die Hütte her. Als Hebeammen fungieren alte Weiber. Ist das

Fig. 38.

Handtrommel aus Bambusrohr.

Kind geboren, so giebt man seine Freude darüber durch vieles Schießen kund. Die größeren Kinder helfen der Mutter bei der Hausarbeit, stampfen Reis, flechten Körbe, Matten u. s. w. Die jüngern üben sich im Ringen und Wettlaufen, werfen und fangen tikoschetierende Holzkreuze u. s. w. Sie benutzen wie die übrigen Madagassen, ein dem Gubo der Südafrikaner ähnliches Saiteninstrument, bestehend aus einem Holzbogen, an welchem ein hohler Kürbis als Resonanzboden angebracht ist. Ferner dienen ihnen eine zweisaitige Guitarre und eine mit zwei Fellen bespannte Handtrommel (Fig. 38). Ihre Lieder sind melodielos und eintönig. Ist jemand gestorben, so äußert man die Trauer darüber durch Schießen, Singen und Tanzen. Als Grabmale gelten über der Leiche aufgeworfene Steinhaufen. Jede neue Leiche wird an dem Ende des Steinhaufens beerdigt. Infolgedessen erreichen letztere eine Länge von 100 Metern und mehr. Auf die Gräber selbst werden Topfscherben gestreut.

Halswirbel, Haarlocke und Nägel eines königlichen Leichnams werden als Reliquieen aufbewahrt. Dies geschieht in heiligen Häusern. Die in kleinen Schreinen untergebrachten Reliquieen werden Freitags angebetet. Der jedesmalige Verwalter dieser Heiligtümer gewinnt mit dem Amte die königliche Gewalt.

An der madagassischen Westküste leben außer afrikanischen Sklaven, welche durch ihre eigene Bezeichnung „Makua" ihre Heimat an der Ostküste von Mosambique verraten, noch Araber, Indier und Wasuahel. Die Indier sind Moslemin und werden wegen ihrer Anstelligkeit von den Europäern zu Nossibe und Mojanga als Handelsagenten benutzt. Das Kisuaheli dient hier häufig als Verkehrssprache. Nach Hildebrandt beziehen die Königinnen dieses Teiles der Insel ihre „Männer auf Zeit" aus dem Suaheli=Volke.

Die den Howa direkt unterthänigen Betsileo gelten als ein tapferes, kriegerisches Volk, welches sich gern mit richterlichen Prozessen amüsiert. Über ihre physische Beschaffenheit wissen wir vorerst sehr wenig, was hier aufzuführen kaum die Mühe verlohnt.

Die den Süden der Insel einnehmenden Bara schmücken und bewaffnen sich nach Richardson und Sibree ganz ähnlich wie die Sakalawa (S. 96). Der Schaft ihrer Lanze ist unter= halb der Spitze mit Messingringen verziert (wie ich dies auch an echten Sakalawa=Lanzen gesehen habe). Der manchmal sechs Zoll breite Gürtel, das Pulverhorn, die Patrontasche und Zunder= büchse sind mit etwa 120 Messingnägeln von Größe eines Fünfzig= pfennig= bis zu der eines Marktstückes verziert. Von der Schulter hängt die Amulettbinde lang an der rechten Seite herab; um die Hüften sind einige Ellen bunten oder farblosen Stoffes ge= schlungen. An der Muskete hängen ein paar Sandalen.

Östlich von den Betsileo und Bara erstreckt sich in fast

genau nordsüdlicher Richtung das vom 22.⁰ südl. Br. geschnittene forstreiche Gebiet der Waldleute oder Tanala (von ala: Wald). Sie sind nur teilweise den Howa unterworfen. Die unabhängigen Tanala leben unter dem Könige Jowana. Ihre Hauptstadt Jkongo breitet sich auf einem 1000 Fuß hohen isolierten Berge aus. Der steile Zugang zu diesem kann von wenigen Männern verteidigt werden. Ein anderer unzugänglicher Bergort, Jwohibe, wird von Sümpfen umgeben.

Die neuerlich durch Missionär Peake näher geschilderten Tankai oder Bezanozano bewohnen ein lichtes Land, Hai, auf dem nur niedrigere Bäume und Sträucher, Zanozano, wachsen. Dies Gebiet erstreckt sich wie eine längliche Insel durch den nördlichen Teil des vorhin erwähnten Waldlandes. Es ist fruchtbar, aber heiß und ungesund. Seine Bewohner, kräftige dunkelgefärbte Leute, leben meist von der Beförderung der Waren zwischen der Küste und dem sehr bergigen Innern.

Mitten in dem nördlichsten Teile jenes Waldgürtels hausen die Sihanaka. Ihr Name bedeutet Seebewohner und zwar nach dem in ihrem Lande befindlichen Alaotra-See. Dies Gebiet ist teils Sumpf, teils waldloser Strich. Das Volk hängt nach Sibree mit den östlichen, bis hierher vorgedrungenen Betsileo zusammen. Es ist den Howa unterthan. Die Dörfer der Sihanaka breiten sich namentlich im nordöstlichen Teile der Seeufer aus. Sie betreiben Fischfang, etwas Reisbau und große Viehzucht. Viele weiden die Herden wohlhabender Leute von Antananariwo, welche über je 5000, ja 10000 Stück verfügen. Die Sihanaka sind gastfrei, aber faul, abergläubisch und trunksüchtig. Sie vertilgen gewaltige Mengen der S. 97 erwähnten Toaka.

Längs der Ostküste wohnen eine Anzahl Stämme, unter denen die Betsimisaraka die Hauptmasse bilden. Diese ähneln den Howa und zerfallen in die beiden Abteilungen der Antewa und Worimo. Andere dieser Stämme, wie die Taimoro, sind von dunklerem Hautkolorit. Alle sind den Howa unterworfen und werden als Leute geschildert, welche sich zivilisatorischen Einflüssen zugänglich erweisen.

Man spricht übrigens auch von früheren Urbewohnern Madagaskars, unter denen wir zunächst die Wazimba nennen. Diese sind angeblich ein lang- und schmalköpfiges Volk von geringer Größe gewesen, welchem der Gebrauch des Eisens unbekannt geblieben war. Ihre Gräber, kleine, unregelmäßige Steinhaufen, finden sich häufig auf den kahlen Hügeln von Imerne zerstreut. Nach Guilain lebt noch jetzt ein Rest der Wazimba im Sakalawa-Lande zwischen den Flüssen Manambolo und Tsiribihina. Nach Shaw werden die im Süden der Insel befindlichen Wazimbagräber als Steinkreise beschrieben. Das Volk hat überall abergläubische Furcht vor solchen Stätten und sucht die angeblich von ihnen ausgehenden unheimlichen Einflüsse durch dargebrachte Opfer zu beschwichtigen. Übrigens existieren auch noch andere, die Wazimba betreffende Traditionen unter den heutigen Inselbewohnern.

Ein zweites Volk von Ureingeborenen wird Kimos genannt. Wir verdanken unsere Kenntnisse über dasselbe den Berichten der Franzosen Commerson und Modave. Als ihre Heimat wird die Mitte des Südteils der Insel, etwa unter dem 22.° südl. Br. angegeben. Wenn man die eingehenden Darstellungen von diesen wie es heißt pygmäenhaften, hellfarbenen Wesen mit wolligem Haar u. s. w. liest, so wird man dadurch unwillkürlich an die Buschmänner erinnert. Wie letztere gegen die Hottentotten und Kaffern, sollen sich die Kimos auch gegen die übrigen Madagassen mit Lanzen, Bogen und Pfeil entschlossen gewehrt haben. Ein Rest von ihnen scheint heute nicht mehr vorhanden.

Nach Angaben des Missionär Cousins hausen etwa sieben Tagereisen weit westlich von Antananariwo in einem von Mojanga bis Mahabo reichenden Waldlande die schwarzen, den Sakalawa ähnelnden Kalio oder Behosi. Sie sind sehr scheu, flechten Netze aus Schnüren, fangen Fische, sammeln Honig, überlisten die Halbaffen in Fallen und mästen sie für ihren

Bedarf. Sie springen, wie man sagt, ähnlich den Affen, von Baum zu Baum.

Diesen bestimmt auftretenden Nachrichten über Pygmäen=
stämme Madagaskars muß doch wohl etwas Wahres zu Grunde liegen. Haben wir in ihnen Verwandte der afrikanischen Pyg=
mäenvölker (Bd. II, S. 191) und außer diesen im weiteren Sinn auch der philippinischen Aëtas und vielleicht gar der Andamanesen anzuerkennen? Das sind Fragen, die wir vorläufig zwar zu stellen uns berechtigt fühlen, die aber zu beantworten späteren anthropologischen Erforschungen unserer Insel vorbe=
halten bleiben muß.

II. Die Seychellen

bilden 29 Inseln, welche sich 550 Seemeilen nordöstlich von Madagaskar unter dem 3.º 33′ und 5.º 35′ südl. Breite, 55.º 15′ und 56.º 10′ östl. Länge erstrecken. Entdeckt von den Portugiesen unter J. Soarez, wurden sie 1742 von dem französischen Kapitän K. Picault im Namen des Statthalters der französisch-indischen Kolonieen, Mahé de Labourdonnahe, für das Mutterland in Besitz genommen. Picault nanute die Gruppe Isles de Labourdonnahe und die größte derselben Mahé. Später wurden sie zu Ehren des Seefahrers Hérault de Seychelles mit dem ihnen noch heute verbliebenen Namen belegt.

Der Felsboden dieser Eilande wird nach Pelly hauptsächlich von Granit gebildet. Dieser ist, wie Kersten bemerkt, in den Thälern und sanften Abhängen von fruchtbarer Erde überlagert, am Strande aber von Korallenriffen umsäumt: letztere bilden einen erhöhten Wall rings um die Inselgruppen und grenzen so ein Becken ab, dessen Tiefe nach der Mitte hin zunimmt. Wallace vermutet einen Zusammenhang zwischen dem Granit der Seychellen und demjenigen des Innern von Madagaskar. Albabra besteht nach Darwin aus drei etwa 25 Fuß hohen Inselchen mit roten, ein sehr seichtes Becken oder eine Lagune umgebenden Klippen. Das Meer ist dicht am Ufer äußerst tief. Die Klippen sind von Höhlen durchsetzt, auch hat das hiesige Korallengestein eine verglaste Beschaffenheit. Es fragt sich, ob wir hier ein emporgehobenes ringförmiges Koralleneiland oder den Krater eines Vulkans vor uns haben.

Der Inseln sind folgende: Mahé, die größte, ferner Sainte Anne, Aux Cerfs, Anonyme, Sud-Est, Longue, Moyenne, zwei Isles Rondes, Thérèse, La Conception, Silhouette, du Nord, Praslin, Ladigue, Curieuse, Aride, Félicité, les deux Soeurs, Marianne, Aux Récifs, Les Mammelles, Cousin, Cousine, Aux Frégates, Aux Vaches Marines, Denis und La Plate.

Das Klima ist im allgemeinen ein gleichmäßiges und gesundes. Die Temperatur hält sich zwischen 80—84° Fahrenheit. Zur kühlen Zeit sinkt sie nachts auf 70—74° und steigt während der heißeren Regenzeit von 84° bis zuweilen auf 92°. Zwischen Mai und Oktober weht der Südost-Monsun, von November bis April der Südwest-Monsun. Zugleich mit dem letzteren stellen sich Regen, Hitze und Gewitter ein. Man nahm früher vielfach an, daß die Seychellen von den über Mauritius und Réunion, sowie über Madagaskar und den Mosambique-Kanal tosenden Stürmen verschont würden. Indessen hat sich diese Angabe in ihrer Ausschließlichkeit als trügerisch erwiesen. Im Jahre 1862 wurde Mahé von einem fürchterlichen Cyclon oder Wirbelsturm heimgesucht. Derselbe entwickelte sich nach Pelly's und Kerstens erschöpfender Darstellung aus dem Südost-Monsun, und ging durch Süd und West nach Nordwest über. Steile, von ungeheueren Regengüssen unterwaschene Abhänge sanken in die Tiefe, Bäche schwollen zu reißenden Strömen an und entführten Alles, was in ihren Strudel geriet, nach dem Meere hin, Bäume wurden gebrochen oder unterwurzelt, Schiffe zertrümmert u. s. w. Auf der Insel kamen über sechzig Personen in den Schlammströmen und auf sonstige Weise ums Leben. Erst nach mehreren Tagen konnte man die Leichen der Verschütteten bergen. Der verursachte Schaden wurde auf hunderttausend Franken taxiert.

Die Vegetationsverhältnisse der Inseln sind im allgemeinen recht günstige. Man baut hier Baumwolle, Zuckerrohr, Tabak, Reis, Mais, Mandioka, Kaffee, Kakao, Gewürznelken, Zimmet, Ananas, Brotfrucht, Tamarinden, Mangos,

Bananen, Guyava, Zitronen, Orangen, Yams, Bataten u. s. w. Neben Kokospalmen wachsen hier Areka= und Sagopalmen. Prächtig gedeiht das Bambusrohr (Nastus borbonicus). Auf den Bergen wuchern im Schatten wilde Ananas, Baum= und Staudefarn, Bärlapparten, sowie Pandanus und Kannenpflanzen (Nepenthes). Letztere gehören bekanntlich zu den insektenfressenden und insektenverdauenden, in ihren Blüten auch eine wässrige Feuchtigkeit absondernden Gewächsen.

Es fehlt diesen Inseln nicht an malerischen Punkten. Eine Art pflanzlichen Wunders bildet die Seychellen=Kokospalme (Lodoicea Seychellarum), welche aber nur auf den Inseln Praslin, Curieuse und Ronde Früchte hervorbringt. Dieser Baum ist durch Sonnerat nach Ile de France und durch die Engländer nach Indien verpflanzt worden, indessen gedeiht er doch nur gut an den erwähnten Hauptstellen. Diese von den Portugiesen Coco do Mar genannte Fächerpalme erreicht eine Höhe von 40 bis 120 Fuß, 12—15 Zoll Stammesdurchmesser und trägt gegen ein Dutzend je zwanzig bis dreißig Fuß langer Fächerblätter von gleichseitig=dreieckiger Form und sägenförmigem Rande. Die Blattfalten gehen hier nicht wie bei den übrigen Fächerpalmen, vom Ende des Blattstieles divergierend gegen den gerundeten Blattrand hin, sondern sie wenden sich vom unteren Abschnitt des Blattstieles aus auf beiden Seiten gleichmäßig den Blatträndern zu (Fig. 39). Kerchowe de Denterghem nennt in seinem schönen Werk über die Palmen diese Lodoicea die prächtigste Form ihrer Familie. An den Blattbasen wächst ein die weiblichen Blüten tragender Büschel hervor. Die Frucht ist erst rundlich oval, wird dann fast kugelartig und birgt in ihrer dicken faserigen Hülle die sonderbare, doppeltnierenförmig gebildete, auf einer Seite stark konvexe Nuß. An der Verbindungsstelle der beiden nierenförmigen Seitenteile brechen faserige Stränge hervor (Fig. 40). Die Schale der reifen Frucht ist hart, glatt, glänzend schwarz oder schwärzlichbraun und öfters mit gelbbräunlichen Adern durchzogen. Der

Fig. 39.

Jüngere Lodoicea Seychellarum.

Kern, welcher aus einer bitteren, widrig schmeckenden Milch hervorgeht, ist hart, hohl, von insipider öliger Substanz gebildet. Diese Nuß fällt wenn reif ab, rollt von den dicht an der Seeküste wachsenden Palmen aus ins Meer und wird zuweilen an den maledivischen Inseln angeschwemmt. Daher hieß die Nuß im Mittelalter und noch in den Entdeckungszeiten Coco de Maldivia, maledivische Kokosnuß. Selten ist ein vegetabilisches Produkt so häufig in sagenhafter Weise behandelt und verherrlicht worden, als unsere Seychellen-Kokosnuß. An sie

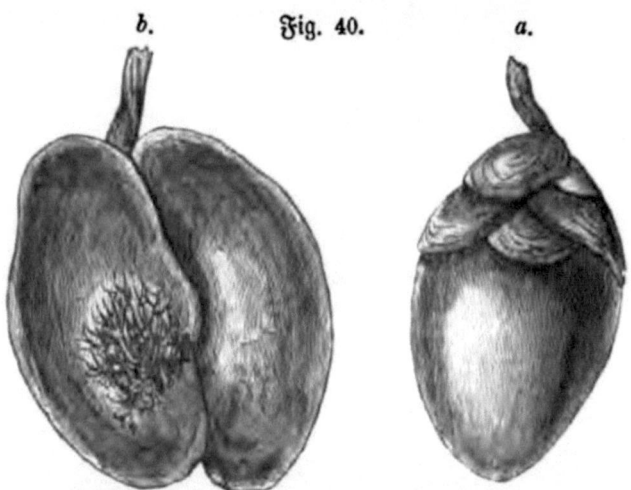

b. Fig. 40. a.

Seychellen-Kokosnuß. a. jung mit Hülle. b. Die ausgewachsene, von der Hülle befreite Nuß.

knüpften sich die sonderbarsten, abergläubischen Vorstellungen. Um sich ihrer angeblichen Heilkräfte zu versichern, soll Kaiser Rudolph II. für ein Stück 400 Gulden geboten haben. Der auf den maledivischen Inseln gebietende Rana oder Fürst hat schon vor älteren Zeiten die Einsammlung und den Verkauf dieser, wie man fest glaubte, wunderthätigen Früchte monopolisiert. Man strich dort pro Stück etliche hundert Rupien, vielleicht gegen 1000 Mark, ein. Auch in Java und Sumatra ward sie bisweilen angetrieben. Dortige Häuptlinge haben für eins dieser fast wertlosen Produkte ein beladenes Prahu (Schiff) gegeben. Bei den Orientalen und Chinesen war man in früheren Jahrhunderten wie vernarrt in diese Nüsse, die im Meere wachsen sollten (daher Coco do Mar — Seekokosnuß —). Alle Giftmittel, selbst Sausteine und Bezoare galten nichts dagegen. Der schäbige Kern, gegen dessen Geschmack niemand mehr denjenigen einer Haselnuß tauschen würde, galt, mit Wasser auf einem Stein gerieben und getrunken, gewöhnlich aber mit Blutkorallen, Elfenbein und Hirschhorn versetzt, als Hauptmittel gegen Fieber, Hämorrhoiden, Schlagfluß, Lähmung, Gallsucht u. s. w. Die indischen Großen bewahrten in den Schalen ihren Betel, ferner Trinkwasser, in welchem beigebrachtes Gift unwirksam werden sollte, auch ließen sie aus diesem Material antidotische Tassen verfertigen. Im Jahre 1602 schlug der holländische Kommodore Wolfart Hermansen die portugiesische Flottille vor Bantam und entsetzte die von den Gegnern blokiert gehaltene Stadt. Der Radja von Bantam wußte seine Dankbarkeit nur durch Darreichung einer Seychellennuß an den siegreichen Seehelden auszudrücken. Durch Hermansen kam denn auch die Wundernuß zuerst nach Europa. Zur Zeit hat sie nur noch einen mäßigen Raritätenwert. Aus den Blättern verfertigt man übrigens recht hübsche, angeblich den besseren Panama-Erzeugnissen kaum nachstehende Sommerhüte.

Neben den Coco do Mar bringen die Seychellen noch einige Fächerpalmen mit dornigen Stämmen hervor, z. B. Phoenicophorium Seychellarum, Verschaffeltia splendida, sodann Latania rubra, die herrliche Livistona chinensis und eine der Dornpalme Afrikas verwandte Form. Die Inseln entfalten einen nicht unbeträchtlichen Reichtum an nützlichen, selbst zum Schiffbau dienlichen Hölzern.

Die Tierwelt der Inseln ist nicht bedeutend. Man findet hier die schöne rothaubige Taube (Erythroenas pulcherrima), einen Honigsauger (Nectarinia Dussumieri), mehrere eigentümliche Sperlingsvögel, ferner Barkley's Papagei (Coracopsis Barkleyi) und noch eine andere Art Papagei (Palaeornis Wardii).

Man sieht sodann eine Schildkröte (Sternothaerus subniger) in den Marschen von La Digue, Silhouette und wahrscheinlich auch von Mahé. Die großen Seeschildkröten werden häufig gefangen. So wird die riesige Chelone Midas in abgegrenzten Seebecken gezüchtet, kriecht auch auf den Grasplätzen umher, neben ihr tummeln sich öfters Schweine. Man schlachtet diese Tiere für den täglichen Fleischkonsum. Auch Schuppenschildkröten (Chelone imbricata) werden ihres Schildpatts wegen gefangen. Hauptplätze für den Schildkrötenfang bilden Aldabra (S. 112) und die niedrigen Korallenbänke der Almiranten-Inseln. Auf den Aldabra lebt nach A. Gordon u. a. eine riesige Landschildkröte (Testudo indica) im Busch. Sie ist wohl vor Zeiten auch über die anderen Inseln verbreitet gewesen. Man will sogar das indische Leistenkrokodil (Crocodilus biporcatus) gesehen haben. Unmöglich wäre das ja nicht, da dieses bösartige Geschöpf bis zu den Salomons- und Karolineninseln hinüberschwimmt. Chamäleone, verschiedene zum Teil angenehm pfeifende Gekonen, tombakglänzende Eidechsen (Euprepes cyanogaster), eine grüne rot-betüpfelte Eidechse (Parchydactylus Cepedianus), einige Schlangen, alsdann Blindwühlen (Coecilia) und Frösche (Rana mascareniensis, Megalixus intrarufus u. s. w.) vertreten die Reptilien- und Amphibienwelt. Die hiesige Insektenwelt wird nach Kersten durch wenige Formen, einige Asseln, Tausendfüße, Spinnen, Bockkäfer und die schon vielbeschriebene, einem vergilbten Laube ähnliche Heuschrecke, das wandelnde Blatt (Phyllium siccifolium) gebildet. Indessen möchten eifrige Forscher doch manche interessante Nachlese halten können.

Die meisten heutigen Bewohner der Seychellen sind französische Kreolen. Nachkommen ehemaliger Seeleute von den maskarenischen Inseln, halten sie nur wenig von Ackerbau, von Viehzucht und Industrie, sondern treiben viel lieber Handel und verbringen die ihnen reichlich zugemessene Muße mit Vergnügungen. Kersten rühmt die geselligen Tugenden dieser Leute, namentlich das gewandte Benehmen der dortigen Damen. Der Versehr ist äußerst zwanglos, angeblich sogar an Zügellosigkeit streifend. Es verschmähen selbst nur flüchtig vorüberreisende Fremde nicht für die doch meist nur kurz bemessene Zeit ihres Aufenthaltes „ephemere Verhältnisse" mit hübschen Frauen einzugehen. Außer den Kreolen existieren hier Farbige in zahlreichen Schattierungen, namentlich freigelassene afrikanische Sklaven und malabarische Kulis, endlich einige englische Beamte und deren Familien.

Die Seychellen sind seit 1816 britisches Eigentum, bilden aber keine selbständig verwaltete Kolonie, sondern ressortieren von der Statthalterschaft auf Mauritius. Ihr Flächeninhalt beträgt 264 Quadratkilometer, die Bevölkerung über 13 500 Seelen. Handel und Verkehr sind auf dieser Besitzung, welche dem Mutterstaate alljährlich einen beträchtlichen Zuschuß kostet, unbedeutend und sogar in stetigem Rückgange begriffen. Die Ausfuhrartikel sind Kopra oder Kokoskerne und Kokosöl, Kakao und Vanille. Die Ausfuhr betrug 1877: 438 206, im Jahre 1879 aber nur 343 375 Rupien. Auch hatte die Einfuhr zwischen 1877 und 1879 um mehr als 53 000 Rupien abgenommen. Man schreibt diesen Rückgang dem Stillstehen einer Kokosfaserfabrik auf Mahé, einer Krankheit der Kokospalmen und den gegenwärtig geringen Preisen des Kokosöles zu. Eine Hauptursache dürfte aber doch in der geringen Rührigkeit der Bewohner zu suchen sein.

Hauptstadt der Seychellen ist Port Viktoria auf Mahé. Hier ist der Sitz des Chief Civil Commissary. Der Ort liegt hübsch, hat saubere Straßen, einfache hölzerne, mit Pergolas und Rosengärten versehene Häuser und einen steinernen Hafendamm. Kersten fand den Markt schlecht versorgt: Fleisch von Schweinen und Schildkröten, magere Hühner, Fisch, Reis, Maniok und etwas Gemüse. Rindfleisch giebt es nur, wenn ein Kriegsschiff im Hafen ankert. Die Preise für Lebensmittel sind horrend. Auffallend ist die Zahl der Branntweinschenken. Der größte Teil der Steuererträge soll aus den Lizenzen für den Likörhandel gewonnen werden. Fürwahr eine puritanische Handelspolitik!

III. Aldabra.

Die schon erwähnten von den Portugiesen entdeckten und von ihnen Ilhas do Arco genannten Aldabra-Inseln liegen etwa 400 Meilen weit nordwestlich von der Nordspitze Madagaskars entfernt. Sie haben fruchtbaren Boden. Auf diesen hausen außer den S. 110 angeführten riesigen Schildkröten, unzählige Seevögel. Dieses bisher herrenlose Gebiet ist im Jahre 1882 von den Norwegern in Besitz genommen und ist mit einigen Kolonistenfamilien aus Bergen besetzt worden. Außer ihnen hielten sich hier immer nur einige mit Fischfang u. dgl. beschäftigte Schwarze und Mischlinge auf.

IV. Die Komoren

bilden unter dem 11. und 13.⁰ südl. Br. und 60⁰ 30' und 63⁰ 10' östl. L. von Ferro eine Gruppe, die Inseln Groß-Komoro, Moheli, Anjuan und Mayotte. Dieselben liegen am Nordende des Kanales von Mosambique. Sie sind vulkanischer Beschaffenheit. Groß-Komoro besitzt in seinem südlichen Teil einen 2598 m hohen, noch jetzt thätigen Vulkan. Derselbe unterlag im Jahre 1858 einer vierzehntägigen sehr heftigen Eruption. Durch die ausgebrochenen Lavaströme, von denen manche bis zur Küste vordrangen, ist die letztere verschiedenartigen lokalen Veränderungen anheimgefallen. Im hiesigen Gestein finden sich Basalt, Trachyt, Lava, Schlacke, Puzzolan, Bimstein, Sandstein, Kalkstein und verschiedenfarbiger Thon. Versteinerungen sind bis jetzt nicht nachgewiesen. Groß-Komoro soll mit seinem im Verhältnis zur geringen Größe der Insel hochragenden Vulkan einen ähnlichen imposanten Eindruck wie die nordische Insel Jan Meyen hervorrufen, von welcher letzteren uns Lord Dufferin in seinen „Briefen aus hohen Breitengraden" eine so interessante Darstellung gewährt hat. Der Küstensand dieser Inseln ist teils weiß, reich an Korallenfragmenten, teils schwarz von vulkanischen Beimischungen und nicht arm an Titaneisen. Jede Insel hat ihr Korallenriff.

Das allem Anschein nach ringförmig geschlossene Riff von Mayotte ist drei bis fünf (englische) Meilen vom Lande entfernt. Anjuan's Korallenriff läuft von der nordwestlichen bis zur südwestlichen Spitze der Insel; dasselbe hält sich zwei Meilen vom Ufer, ist aber, wie Darwin vermutet, an einigen Stellen angeheftet. Moheli scheint ebenfalls von einem Riff umschlossen zu sein. Dagegen ist Groß-Komoro nicht regelmäßig umschlossen, zeigt aber an den Landspitzen vorspringende Riffe von verschiedenartiger Form.

Das komorische Klima weist eine trockene und eine nasse Jahreszeit auf. Erstere beginnt im Mai und endet im Oktober. Zu dieser Zeit fällt das Laub vieler Bäume und hält sich die mittlere Temperatur auf 25° C. im Schatten. Die höchste Temperatur steigt dann wohl auf 29°, die niedrigste fällt bis 18°. Den Vormittag über weht jetzt der Süd oder Südost, von da ab bis Sonnenuntergang der Südwest. Zur nassen Zeit zwischen Oktober und April hält sich die Temperatur im Mittel auf 29°,5, fällt auf 25 und steigt auf 35° C. Der Wind weht im Oktober aus ONO., vom November bis März aus Nord, im April aus SSO. und Süd. Um diese Zeit entsteht häufig tagelange Windstille. Dann brechen wieder mit dem NO.-Monsun heftige Wirbelstürme herein. Der Regen fällt zu 2—3 mm. Gewitter erscheinen fast täglich, Hagelschläge kommen aus W., NW. und N. Alsdann machen sich auch Springfluten bemerkbar.

Der Boden dieser Inseln ist ungemein fruchtbar. Die Küstenebenen sind mit reichlichen Pflanzungen der herrlichsten Kokospalmen besetzt, welche gerade hier eine vorzügliche Entwickelung erlangen (Fig. 41). Die erfrischende Milch der unreifen Nüsse ist überall um ein billiges oder auch bei gastlichen Eingeborenen umsonst zu haben. Manche Küstenstriche erscheinen am Meere mit Manglebäumen oder Mangroven und Schoras (Rhizophora, Avicennia), (Bd. I, S. 14) bedeckt. Diese verworrenen, ungesunden Dickichte beherbergen zahlreiche Schlammhüpfer, Krabben und Austern. Hier findet auch die Haupternte der Färberflechte Orseille (Roccella tinctoria) statt. In den die Höhen bedeckenden Wäldern entwickeln sich prächtige Holzarten, namentlich Feigenbäume, Arekapalmen, Baum- und Stauden-

— 115 —

farn, Hülsenfrüchtler, sparrige Grasarten, sowie eine sehr interessante Cycadenform (Cycas Thouarsii). In der ersten Vegetationsperiode des eiförmigen Stammes zeigen sich zwei mit 5 bis höchstens 11 harschen Fiederblättchen besetzte Laubblättchen, deren Stiel entweder glatt oder mit 1—3—15 zu Stacheln ver-

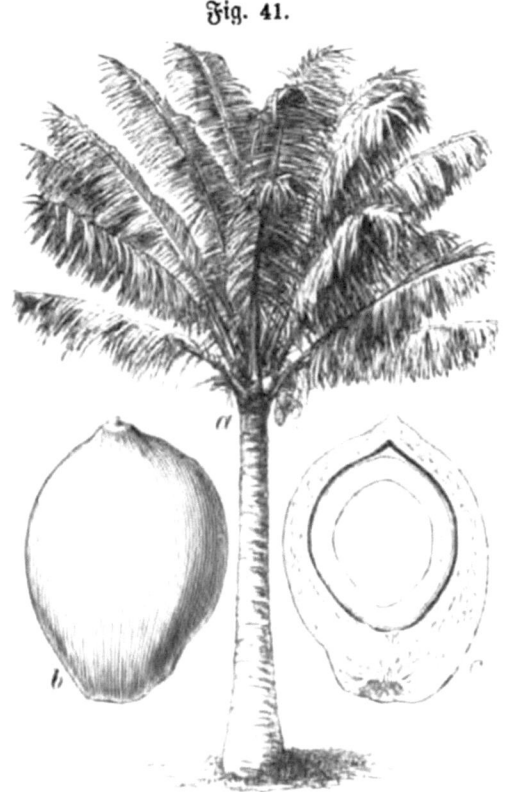

Fig. 41.

Kokospalme. a Palme, b Nuß von außen, c dieselbe durchschnitten.

tümmerten Fiedern besetzt ist. Später entwickelt sich die Pflanze zu voller Stattlichkeit, liefert dann auch eßbare Früchte mit fleischiger Hülle und über 60 mm langen nußartigen Steinen. Diese Pflanze hält sich in unserem Klima wunderbar hart, wie der Verfasser an einem zum Andenken an J. M. Hildebrandt seit 1878 gepflegten Exemplare erfahren hat. Sehr verbreitet sind überall die stattlichen, bei uns so vielfach in Warmhäusern gehaltenen Cycas revoluta.

Die Tierwelt der Inseln ist nicht eben reich. Man berichtet von einem hier lebenden Maki oder Halbaffen (Lemur mayottensis). Auch der Tenrek (S. 22) und eine Spitzmaus (Crocidura indica?) sollen vorkommen. Fledermäuse sind häufig. Unter den Vögeln finden sich ein Schimpanga genannter kleiner Habicht (Accipiter pusillus) und der auch hier überall wegen seiner grenzenlosen Frechheit mit Recht verschrieene, unter dem Namen Kusi bekannte Schmarotzermilan (Milvus parasiticus). Durch Befiederung und anmutiges Wesen machen sich bemerkbar der Muam, Moran (Corythornis vintsioides), der bunte Honigsauger, Schetozi (Nectarinia comoriensis), der Nian Teughnan (Zosterops Anjuanensis) und der prächtige Fliegenschnäpper, Muschtata (Tschitrea vulpina). Ferner zeigen sich eine Drosselart Bambi (Turdus Bewsheri), ein Webervogel Paramoran (Ploceus Algondae), eine Turteltaube, Schukeron Dungan genannt (Turtur comoriensis) und das in wilderen Gegenden Anjuans zahlreiche, hier unter dem Namen Conga bekannte Schopfperlhuhn (Numida mitrata). Außerdem existieren Schildkröten, Chamäleonen, Geckonen, Eidechsen, Schlangen, unter diesen angeblich drei unschädliche und eine giftige Art, Frösche u. s. w. Die Insektenwelt der Komoren ist noch wenig bekannt, scheint aber höchst interessante Formen darzubieten.

Die Seeküsten sowohl der Komoren wie auch der Seychellen werden von Reihern, Strandläufern, Albatrossen, Pelekanen, Tropikvögeln, Fregattvögeln, Tölpeln u. s. w. belebt. Das Meer ist überall reich an Schaltieren und an prächtig gefärbten Fischen.

Die Komoren waren schon den älteren Arabern bekannt. Klöden hat die hierauf bezüglichen Stellen bei Masudi, Albiruni, Edrisi, Ibn el Wardi, Ibn Said und Abdellatif, d. h. vom 10. bis 13. Jahrhundert, zusammengestellt und kommentiert.

Komr wurde von den Arabern Madagaskar genannt, der Kanal von Komr ist der heutige Mosambique=Kanal. Von Komr ist auch Komoro hergeleitet.

Man nimmt an, daß diese Inselgruppe zuerst von arabischen Einwanderern besiedelt worden sei, welche letztere sich mit den von der afrikanischen Ostküste herübergedrungenen Schwarzen gemischt hätten. Im ersten Bändchen unserer Schilderung Afrikas sind die Züge der Araber nach der Küste von Sansibar ausführlicher dargestellt worden. Im Jahre 360 der Hedjra haben nach der Niederlassung der Buiden zu Schiras in Persien ausgewanderte Schiraser den Staat Kilwa (Quiloa) gegründet. Mit diesem Unternehmen war auch die Besitzergreifung der Komoren durch die Kilwaer verbunden. Zu Anfang des 16. Jahrhunderts erschienen die Portugiesen, ohne sich um den dauernden Besitz dieser Gruppe zu bemühen. Um 1506 kamen abermals Schiraser unter dem Oberbefehl des Hakem Mohammed Ben Aissa und ließen sich auf Groß=Komoro, Anjuan sowie auf Moheli nieder. Zu Anfang des 16. Jahrhunderts haben sich aber auch Sakala= was unter Führung des Diwa Mani auf Mayotte niedergelassen. Im vorigen und zu Anfang des jetzigen Jahrhunderts sind die Inseln wiederholt von madagassischen Räuberscharen, namentlich Sakalawas, mit Mord, Brand und Plünderung heimgesucht ge= wesen. Moheli hat sogar einen keineswegs freundlichen Besuch von Howas gehabt. Reste der madagassischen Einwanderung sind hier bis heutigentages erhalten geblieben. Die herrschende Rasse bildet eine Mischung von Arabern mit afrikanischen Ele= menten, nämlich mit herübergewanderten freien Schwarzen und mit hier eingeführten Sklaven. In diesen, nach Angabe eines intelligenten deutschen Handelskapitäns Moharri genannten Misch= lingen herrscht das semitische Element etwas vor. Dieselben erinnern an die besseren Klassen der Suahel genannten Be= wohner der Sansibarküste (Bd. I, S. 220, Fig. 56, 57 das.). Als Typus derselben möchten wohl die von Kersten in v. d. Deckens Reise nach Photographieen sehr sorgfältig abgebildeten Komoro=

bewohner gelten. Die charakteristisch = arabischen (semitischen) Züge gelangen unter diesen Leuten hier entschiedener, dort weniger, zum Durchburch. Sie sprechen unter sich meist Kisuaheli, bedienen sich aber in ihrer Kanzlei= und Geschäftssprache des Schriftarabischen. Sie sind äußerlich alglatte, anscheinend harmlose Leute, innerlich jedoch voll islamitisch=arabischen Hochmutes, heuchlerisch und unmäßig auf Gelderwerb versessen. Wie ihre meisten Stammesgenossen in Ostafrika und selbst in Oman, stecken sie tief im Aberglauben und hängen mit kindischer Ehrfurcht an ihren Amuletten. Sie kleiden sich in Kaftane, Simbus oder lange um die Hüften und Beine gewundene Schurze, gestreifte und bordierte Westen, sie bedecken den Kopf mit faltigen Turbanen oder seidenen Kefies. An den selten bestrumpften Füßen tragen sie Sandalen, weniger saffiane Schuhe. Beim Ausgehen vergessen sie niemals die reich verzierten Dolche und Säbel umzugürten. Die Frauen der Reichern wählen die Tracht der vornehmeren Araberinnen, feine Hemden mit fliegenden Ärmeln, Pluderhosen, bauschige Seidenroben, und beim Ausgehen den durchbrochenen Gesichtsschleier sowie Schuhe, welche letztere im Harem mit zierlich gestickten Pantoffeln vertauscht werden. Hier sind auch die seidene, reich bordierte Ärmeljacke und das goldverbrämnte Käppchen in Gebrauch. Ärmere Weiber schlagen ein weites Tuch um den Körper, welches die Schultern und Arme frei läßt sowie ein anderes über den Kopf. Die Füße bleiben nackt. Alle lieben den Schmuck, Hand=, Finger= und Knöchelringe von Gold und Silber, manchmal in schönster Filigranarbeit, Halsbänder von Korallen, Perlen, Goldmünzen, von Ambar und wohlriechenden Holzperlen. Die Nägel, Handteller und Fußsohlen werden mit Henna rot, die Augenliedränder werden mit Kochle (Antimonpaste) schwarz, die Lippen werden blau gefärbt. Männer wie Frauen kauen Betel. Auch rauchen die ersteren gern Haschisch, seltener dagegen Tabak, welches letztere Narcoticum sie desto fleißiger schnupfen und kauen. Betel färbt die Zähne schwarz und den Speichel rot. Er verleiht den diesem

Genusse fröhnenden Personen jene scheußliche Ausdünstung aus dem Munde, welche Wernich bei den Anamiten in so drastischer Weise schildert.

Steinerne Häuser, von der auf Zanzibar und an anderen afrikanischen Küstenorten üblichen Bauart finden sich an den größeren Plätzen. Sie sind viereckig und mit nur wenigen Fensteröffnungen, wohl aber mit Treppenhäuschen und mit Pergolas versehen. An jedes Haus schließt sich ein ummauerter oder wenigstens umzäunter Hofraum. Im Hause selbst findet man mit Moskitovorhängen versehene Bettstellen und Stühle von indischer oder persischer Arbeit, auch Tischchen, Truhen, Kannen, Kaffeegeschirr und Eßgerät, wie sie auf arabischen Märkten dargeboten werden. Mitunter laufen europäisches Steingut und böhmisches Glas, sowie einheimische oder ostafrikanische Korbware.

Neben diesen Begünstigteren erscheinen die den Hauptteil des Komorovolkes bildenden, vielleicht nicht immer korrekterweise sogenannten Antalots. Woher dieser Name kommt, ob seine Anwendung eine begründete, läßt Verfasser dieses Buches unerwiesen. Es sind diese angeblichen Antalot diejenigen Bestandteile der gemischten Bevölkerung, in welchen das afrikanische, rein nigritische Blut zum Durchbruch gelangt. Das sind mittelgroße oder große, wohlgebildete Gestalten mit hohem schmalem Kopf, hoher unten gewölbter, oben stark nach hinten zurückweichender Stirn, mit ziemlich breiten, stumpfen Nasen, vorstehendem großen, von wulstigen Lippen umsäumten Mund und zurückstehendem gerundetem Kinn (Fig. 42). Das bei den Moharri ganz krause, gelockte Haar zeigt sich hier in kleine, verfilzte Bündel abgesondert. Viele Antalot scheren das Haar wie es auch bei dem nebean abgebildeten Individuum der Fall ist, dessen Originalphotographie ich der Liebenswürdigkeit des Dr. O. Kersten verdanke. Die gelb- bis dunkelbraune Farbe der mehr arabisch gebildeten Bevölkerungselemente geht bei diesen Antalot in Rotbraun, Rost- und Schwarzbraun über. Übrigens zeigen sich unter diesen Leuten viele Individuen mit variierendem Typus, d. h. solche mit feineren Nasen und dünneren Lippen, ferner solche, welche in ihren platten Zügen dem ausgesprochensten Nigritier nicht nachstehen. Dergleichen individuell und selbst familienweise verbreitete Abänderungen sind bei einem so stark gemischten Volke ganz erklärlich.

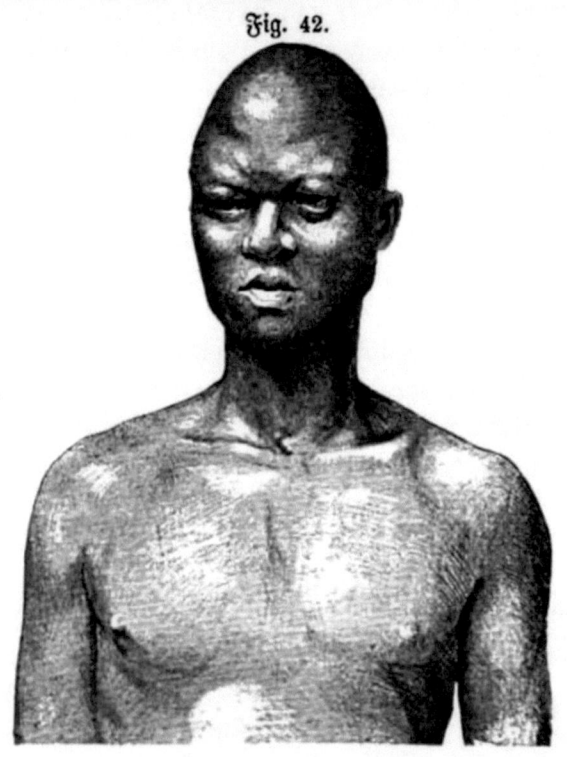

Fig. 42.

Mann von Anjuan.

Diese meist den geringeren Klassen angehörenden Antalot kleiden sich einfach, durchschnittlich wie die S. 117 beschriebenen ärmeren Moharri. Ihre Häuser sind viereckig und von Holz errichtet, zuweilen mit steinernem Unterbau versehen, öfter nur von Flechtwerk und Pfählen gebaut, mit Lehmbewurf bekleidet. Als Geräte dienen eine der abyssinischen Alga (Bd. I, S. 79) oder dem nubischen Angareb gleichende Kibani oder Kitanda, d. h. ein mit Riemen besponnener, auf vier Füßen ruhender Holzrahmen als Bettstelle, außerdem einige Schüsseln, Töpfe, Matten, Wasserkrüge, hölzerne Reismörser u. s. w.

Ein dritter Bestandteil der Komoren-Bevölkerung sind die Nachkommen eingewanderter Howas, Sakalawas und anderer madagassischer Stämme, welche ihren Typus mehr oder minder rein bewahrt haben und namentlich auf Mayotte und Moheli verbreitet sind. Die meisten Männer bedienen sich der Lamba (S. 57) als Schurz und bekleiden den Oberkörper mit jener Art kattuner Ärmeljacken, welche vom indischen Festlande aus nach verschiedenen Richtungen hin Verbreitung gewonnen hat. Der Kopf wird mit der S. 57 beschriebenen und (Fig. 19) abgebildeten Kappe bedeckt. Die Frauen benutzen ebenfalls eine Ärmeljacke, einen um die Hüften und die Beine geschlagenen Überwurf und eine Lamba. Sie putzen ihr Haar und schmücken den Körper auf dieselbe Weise wie in ihrer ursprünglichen Heimat. Bei der Verheiratung beobachten sie keine besonderen Zeremonieen, trennen sich nach Belieben und teilen sich in die Kinder. Wenn sie und die Antaloten zu mehreren eine Arbeit verrichten, so singen sie dabei in einförmiger aber dennoch nicht ungefälliger Weise ihre (meist improvisierten) Liedchen. Dies ist ja auch ganz die Art der Schwarzen des Festlandes. Sie fürchten wie letztere, die Schatten der Toten und opfern denselben. Leicht fallen sie den aberwitzigen Künsten ihrer Zauberer zum Opfer.

Endlich existieren auf den Komoren zahlreiche eingewanderte Freie oder als Sklaven eingeführte afrikanische Schwarze, namentlich Makua (Bd. I, S. 266) von der Mosambique-Küste. Diese leben wie die ärmeren Antalot und die Madagassen.

Man genießt in erster Linie Reis, dann Mehlspeisen, Gemüse, Früchte, Fleisch von Rindern, Ziegen und Hausvögeln, deren Eier, sowie auch Fische. Auf Mayotte sollen noch wilde, angeblich von Madagaskar stammende Schweine vorkommen. Sie werden von den auf dieser Insel wohnenden Sakalawas mittelst gelber langhaariger Hunde gespürt und mit Lanzen getötet. Seitens der hiesigen Mohammedaner werden übrigens Hunde und Schweine verschmäht. Die Viehzucht beschränkt sich hauptsächlich auf Haltung von Zebus und von Ziegen. Die wenigen hier beobachteten Pferde und Esel stammen aus Oman, Mauritius und vom indischen Festlande her.

Der Hauptlandbau erstreckt sich auf den Reis, diese leicht verbauliche aber wenig nährende Universalkörnerfrucht der warmen Länder. Um dieselbe zu säen, leiten sie Wasser über den Boden, lassen diesen von ihren Zebus durchtreten, führen das Wasser ab und streuen die Reiskörner in den Schlamm. Oder sie brennen Wald und Busch ab, klären den Boden und säen. Dadurch werden häufige das Land verwüstende Waldbrände erzeugt. Übrigens werden hier Abansonien, Tamarinden, Bananen, Mango und andere tropische Fruchtbäume kultiviert.

Es giebt auf den Inseln Barbiere, eine Art von Naturärzten, ferner Zimmerleute, Maurer, Gold- und Eisenschmiede, Kleidermacher, Schuhmacher und Bäcker. Man flechtet Matten, Kappen, Körbe, Zuckersäcke aus Pandanusblättern ꝛc. Die Kinder lernen vom sechsten Jahr ab den Koran lesen, das Kisuaheli schreiben und auch rechnen.

Früher begrub man die reicheren Toten in zum Teil großartigen Grabmälern, d. h. in von Kuppeln überragten Würfelbauten, zu deren Ausschmückung selbst Bidel i Tschini, persisches Porzellan mit blaugemalten Verzierungen, nicht geschont wurde. Zur Zeit legt man die Gräber zum Teil noch mit behauenen Steinen aus und bedeckt sie mit solchen, zum Teil schmückt man das Grab nur mit einer ovalen Steinumfassung, in deren Innern roter Lehm ausgebreitet, eine Muschel oder eine Topfscherbe gelegt wird.

Die Inseln werden durch Sultane von meist direkter arabischer Abkunft regiert. Wie in allen mohammedanischen Ländern bilden Koran und Zubehör (Bd. II, S. 32) die Grundlagen für das Landesrecht. Die Kadis, als Schriftgelehrte großenteils eingewanderte Araber, kaufen ihre Stellen und sollen der Bestechung sehr zugänglich sein.

Zwischen den Inseln untereinander, sowie zwischen ihnen und benachbarten Inseln und Gebieten wird ein lebhafter Verkehr unterhalten. Dieser geschieht unter Vermittelung der Dhaus oder Buters, jener plumpen arabischen Fahrzeuge, welche, in einem Haupttypus des Baues vertreten, den ganzen Indischen Ozean und das Rote Meer, hauptsächlich aber die afrikanische Ostküste, befahren. Die Mtepe oder genäheten Rindenfahrzeuge werden hier wie an der Ostküste des Kontinentes nur zur Befahrung der inneren, zwischen den Riffen verlaufenden Kanäle benutzt. Die Komorer sind übrigens geschickte Schiffer, welche mit dem groben, in diesen Breiten gebräuchlichen Kompasse Bescheid wissen. Auch werden größere Einbaum-Kanoes oder zusammengesetzte Pirogen mit je einem riesigen Segel und mit Auslegern zur Küstenfahrt benutzt. Alles Seilwerk besteht aus Koir, Kokosfasern, welche in Mosambique und in Sansibar gedreht werden.

Man spricht hier (wie schon bemerkt) das im ganzen wohllautende Kisuaheli und daneben ein aus diesem, sowie aus der Sakalawa-Sprache, endlich aus verschiedenen Bantu-Dialekten zusammengesetzte Rotwelsch. Die Schrift ist eine nur wenig abgeänderte arabische.

Man beschreibt den Charakter der Komoren im allgemeinen als heuchlerisch, unzuverlässig, mißtrauisch und gaunerig. Indessen macht Kersten mit Recht darauf aufmerksam, daß die früheren häufigen Einfälle besonders der Sakalawas und die vielen inneren Zwistigkeiten zwischen den kleinen Inselsultanen und deren Anhang, die Charaktereigenschaften dieser Leute verdorben hätten. Im übrigen stimmen alle Beobachter miteinander in der Angabe überein, daß die Komorer ein heiteres Völkchen bilden, in deren Vergnügungen das allgemeine, sorglose Sichgehenlassen der Nigritier Afrikas sich wiederspiegelt. Man liebt Einzeln- und Reihentänze mit und ohne Waffen, bei

welchen die Tamtams, oder Gongs und Tamburins fleißig ge=
klopft werden. Im übrigen lebt man mäßig.

Das Klima dieser Inseln ist nicht besonders gesund, zum
Teil werden dieselben, wie Moheli, von Wechsel= und von re=
mittierenden oder selbst perniziösen Fiebern, von Dysenterie und
Syphilis heimgesucht.

Die Komoren enthalten bei einem Areal von zusammen
1972 Quadratkilometern etwas über 63000 Einwohner, deren
32 auf einen Quadratkilometer kommen. Die Ausfuhr ist un=
bedeutend. An dieser ist hauptsächlich die französische Kolonie
Mayotte beteiligt. Es gelten hier Kaffee, Reis, Zucker, Vanille,
etwas Mais, Kopra, Ochsenhäute und Gewürznäglein als Haupt=
exportartikel. Die Einfuhrartikel erstrecken sich ungefähr auf
die für Madagaskar erwähnten Gegenstände (S. 86).

Es bleibt uns noch übrig, einen kurzen Blick auf die her=
vorragendsten Inseln der komorischen Gruppe zu werfen. Groß=
Komoro, arab. Gazizab, sonst auch Angasija genannt, enthält
1002 Quadratkilometer und etwa 35000 Einwohner. Die Er=
hebungen seines Bodens steigen bis 300 Meter empor. Die
Hauptorte sind Kitanda Mdjini und Mroni, beide an der West=
küste gelegen. Ersterer Ort enthält aus Lavablöcken errichtete,
mit Kalk verputzte Häuser neben schlechteren Hütten, sowie eine
Mauer mit sieben Türmen. Mroni hat ebenfalls eine mehr=
türmige, allerdings verfallene Umfassungsmauer, eine leidlich ge=
baute Moschee, endlich aus Korallenkalk und Lehm gebaute
Häuser.

Moheli, Mohilla oder Moali, enthält 231 Quadratkilometer
und etwa 6000 Einwohner. Die Insel ist gut angebaut, besser
als das durch seine Zebuzucht berühmtere Groß=Komoro.
Hauptorte sind Jumboni, Numa Schoa und Luala. Sie
enthalten Mauern und etliche bessere, steinerne Häuser. Die
Einwohner der Insel sind großen politischen Wirren unterwor=
fen gewesen. Berüchtigten Andenkens sind hier die Irrfahrten
des französischen Abenteurers Lambert, eines jener politischen

Intriguanten, wie sie in Benjowski, im Könige von Araukanien u. s. w. ebenbürtige Persönlichkeiten aufweisen. Auf dieser Insel setzte sich 1830 auch der Howa Ramanataka, ein Verwandter Radama I., fest und erregte vielfache Unruhen.

Anjuan, auch Hinzuan, Johanna, Juanny u. s. w. genannt, enthält 373 Quadratkilometer mit etwa 12 000 Einwohnern. Hauptorte sind das mit vieltürmiger Mauer, mit einigen besseren Steinhäusern, einer Kasba oder Burg, Moscheen u. s. w. versehene Msamuda, dann Domoni und Wani. Der Handel ist hier bedeutender als auf Groß-Komoro und Moheli. Es herrscht auch größerer Wohlstand wie dort.

Mayotte, arab. Mayata, enthält 366 Quadratkilometer und über 10 000 Einwohner. Diese Insel wurde im Jahre 1841 vom Sultan gegen ein Jahrgehalt an Frankreich abgetreten. Der zu Dsaudsy residierende Gouverneur verwaltet zugleich Ste. Marie de Madagascar und Nossibe. Hier befinden sich drei einen rührigen Handel entwickelnde Freihäfen.

V. Die Maskarenen

haben ihren Namen, Mascarenhas, nach ihrem portugiesischen Entdecker (1505) erhalten. Es sind Mauritius, Réunion und Rodriguez.

A. Die Insel Mauritius

oder Ile de France liegt unter 20⁰ südl. Br. und 74⁰ ö. L. Dieses Gebiet wurde von den Portugiesen Ilha do Cerne genannt und von ihnen bis 1598 besetzt gehalten. Um diese Zeit ging sie an die Holländer verloren, welche den früheren Namen in Mauritius umwandelten und auf der Insel eine Niederlassung gründeten. Im Jahre 1715 nahmen die Franzosen Besitz von der Insel und nannten dieselbe Ile de France. Im Jahre 1810 ging sie in englischen Besitz über und wird seitdem wieder Mauritius genannt. Die Maskarenen sind vulkanischen Ursprunges. Auf Mauritius steigen die Berge unfern der Küste schroff empor und bilden ein das ganze Innere der Insel bedeckendes, gegen 500 m hohes Plateau. Über dasselbe hinweg ragen mehrere Berge, so z. B. der ca. 790 m hohe Pieter Botte oder Pieter Boot. Seinen Gipfel bildet ein etwa 30 m hoher abgerundeter Block, der auf einem halsähnlich verjüngten hohen Bergkegel aufsitzt und den Schiffern schon von weitem als Landmarke dient (Fig. 43). Der ca. 750 m hohe Daumenberg, Pouce, der zuckerhutartig gebildete Piton du Milieu, sind andere wichtige Erhebungen. Die Insel ist von malerischer Schönheit. Von den Bergen rauschen Wasser nieder, welche zum Teil prächtige

Fig. 43.

Der Berg Pieter Boot.

Fälle bilden. Durch diese sind an einzelnen Stellen Gruppen der schönsten Basaltsäulen ausgewaschen, so z. B. an der Cascade de la Savane unfern Port Souillac im südlichen Inselbezirk Savane. Nördlich von Souillac findet sich der Bois-

Fig. 44.

Piton de la Montagne.

See in unschöner Umgebung, während das weiter bergauf, 667 m Fuß über dem Meere, gelegene Grand Bassin höchst romantische Partieen darbietet. Diesem See, wahrscheinlich eine alte Kraterfüllung, schreibt man an gewissen Stellen 20 und mehr Meter Tiefe zu. Ihm entströmen eine Anzahl nach allen Seiten hin-

Fig. 45. Der Souffleur oder Spouting Rock.

Hartmann, Madagaskar.

abstürzender Bäche. Eine Naturmerkwürdigkeit von gewissem Ruf ist auch der Souffleur oder Spoutingrock, ein etwa 40 Fuß hoher Basaltfels, dessen Aushöhlung unmittelbar mit dem Meere in Verbindung steht. Bei stürmischem Wetter prallen die Wogen heftig gegen den Block, stoßen in dessen Höhlung aufwärts und verlassen dieselbe in der Gestalt von prächtigen, springbrunnenähnlichen Wassergarben (Fig. 45). N. Pike schildert auch noch den Pont Naturel, eine wie eine Naturbrücke gestaltete, durch die Meeresströmung bewirkte Auswaschung der Felsen. Sie befindet sich nicht weit vom Souffleur.

Mauritius wird mit Ausnahme von zwei oder drei Stellen mit senkrechtem Küstenabfall ringsum von einem Korallenriff, einem sogenannten Saumriff, umgeben. Dasselbe liegt bald eine halbe, bald zwei bis drei (englische) Meilen vom Ufer entfernt. Nach Darwin bilden Porenkorallen (Madrepora) die Hauptmasse des Riffs. Die Korallen leben hier in einer durchschnittlichen Tiefe von 7—8 Faden. Das Riff öffnet sich einem jeden Flusse und Bache gegenüber ziemlich weit.

Das Klima von Mauritius ist zwischen November und April sehr heiß. Die mittlere Temperatur beträgt alsdann 20^0 R. Die Regenzeit fällt zwischen Januar und April. Die Regenmenge beträgt zu Port Louis 39,25 Zoll. Der Südost-Monsun kühlt die Hitze in angenehmer Weise. Weht derselbe morgens, dann ist dessen Wirkung unbeschreiblich erfrischend und belebend. Während der Tageshöhe ist die Hitze in den wärmeren Monaten ungemein drückend. Erst abends wird dann die Luft wieder angenehm. Vom Dezember bis März giebt es nicht selten starke Orkane. Dieselben sind, wie Copeland uns lehrt, von Dr. Meldrum, dem Direktor des Regierungsobservatoriums und Sekretär der meteorologischen Gesellschaft von Mauritius, zum Gegenstande eines eingehenden Studiums gemacht worden. Man ist dadurch in den Stand gesetzt, bei nahenden Orkanen noch rechtzeitig Sturmsignale zu geben. „Ängstlich", sagt Copeland, „erwartet man zu solchen Zeiten die Depeschen von dem

Observatorium; bei dem ersten warnenden Telegramm streichen die Schiffe im Hafen ihre Stangen und untersuchen die Sicherheit ihrer Ankerketten; sorgsame Hauswirte nehmen ihre Verandas, Dächer und Fensterläden in Augenschein und bergen ihr Vieh, und wenn endlich der elektrische Funke die Nachricht über die ganze Insel verbreitet, daß drohende Gefahr im schnellen Anzuge ist, so wird jede Wohnung so fest gemacht, wie nur möglich, und ganz zuletzt hören die Eisenbahnzüge auf zu gehen. Der letzte große Orkan erreichte seinen Höhepunkt am Morgen des 28. März 1874; aber schon am Morgen des 25. wurden die Warnungsdepeschen abgeschickt. Der Schaden, den dieser furchtbare Orkan allein den Zuckerplantagen zufügte, ist auf mindestens 500 000 Pfd. Sterl. zu schätzen." Copeland hat diese Notiz im Jahre 1877 veröffentlicht.

Die Küstenebenen von Mauritius sind intermittierenden und galligen Fiebern ausgesetzt. Das Plateau ist gesünder.

Als die Entdecker dies Land bestiegen, zeigte dasselbe schöne Waldungen. Diese wurden besonders gebildet durch Rubiaceen, Wolfsmilcharten, Winden, Malven, Büttneriaceen, Seifenbäume, Meliaceen, Orchideen, Gräser, Cypergräser und Farne. Alle Wälder zeichnen sich durch ihr schattiges Wesen, durch das geringfügige Unterholz, das nur seltene Vorkommen von Palmen aus. Den größten Baum bildet die Acacia heterophylla. Sie verliert leicht die Fiedern, an deren Stelle die Blattstiele treten. Die nachsichtslose Verwüstung dieser Wälder hat böse Früchte getragen. Die Regen der Küstengegenden sind infolge dessen zu unregelmäßig geworden, und das hat der Zuckerkultur bedeutend geschadet. Erny behauptet, daß überall, wo Durchhaue durch die Wälder veranstaltet sind, die Umgegend solcher Lichtungen von den Orkanen weit mehr zu leiden gehabt hat, als alle übrigen Teile des Waldes. Eine große Zierde der jetzt auf die Berge zurückgedrängten Wälder sind die herrlichen Baumfarn.

Die Tierwelt bietet keine sehr große Mannigfaltigkeit dar.

Flebermäuse, auch die großen fruchtfressenden, zeigen sich seltener als auf den Seychellen. Eine Spitzmaus (Crocidura indica) verrät sich, wenn beunruhigt, durch ihren heftigen Moschusgeruch. Der vieles schädliche Gewürm vertilgende Tenrek oder Borstenigel (S. 21) ist angeblich von Madagaskar aus eingeführt. Die schwarze Ratte (Mus alexandrinus) mit zum Teil dicht bebehaartem Schwanz hat sich in die Nähe der Häfen eingenistet. In den Bergwäldern hausen aus Ceylon gebrachte Hirsche (Cervus muntjak?). Einige der schönen weißgefleckten Axis-Hirsche (Cervus axis) hält man wohl nur aus Liebhaberei auf größeren Besitzungen. Der hier u. a. auch in der Nähe des Grand Bassin vorkommende Affe (Macacus cynomolgus) stammt ebenfalls von den indischen Inseln. Schweine und selbst Ziegen sind ganz verwildert.

Als die Entdecker die maskarenischen Inseln besuchten, wurden sie daselbst durch eine höchst eigentümliche, zum **Fliegen wenig oder gar nicht taugliche Vogelwelt** überrascht. Der merkwürdigste Vertreter derselben war die Dronte oder der Dodo (Didus ineptus), ein der Zahntaube oder Mammea der Samoa-Inseln (Diduncula strigirostris) nicht sehr fernstehender Kolumbide. Das Tier war größer als ein Schwan, hatte einen massigen runden Körper, einen langen dicken, an der Spitze wie bei einem Raubvogel z. B. dem Lämmergeier, gekrümmten Schnabel und kurze, dicke, denen der Tauben ähnliche Füße. Der Kopf war vorn um die Augen her und bis zum Schnabel mit einer Wachshaut, hinten aber mit einer kapuzenähnlichen, flaumbedeckten Hautwulstung versehen. Die Flügel waren verkümmert, zum Fliegen unpassend und mit Steuerfedern besetzt, welche denen eines straußartigen Vogels ähnelten. Das Gefieder bot viel flaumige und wie beim Kasuar mehr haarähnlich gebildete Kielfedern dar, die in verschiedenen Nüancen von grau, graubraun und braun erschienen. Das Tier wurde 1627—1658 von dem holländischen Arzt Bontius beobachtet und beschrieben, auch auf zum Teil recht vorzüglichen Ölgemälden abgebildet, deren angeblich bestes noch vorhandenes Strickland und Dana kopieren ließen (Fig. 46). Verschiedene Reste des Tieres werden jetzt noch in europäischen Museen aufbewahrt.

Fig. 46.

Vertreter der alten maskarenischen Vogelwelt. Vorn die Dronte, im Hintergrunde der Einsiedler und Reiher.

Neben diesem trägen und stupiden Vogel, welcher schon etwa 125 Jahre nach der Entdeckung den rücksichtslosen Nachstellungen brutaler Schiffsmannschaften erlag, fanden sich noch zwei Gattungen nicht zum Fliegen befähigter Rallenvögel (Aphanapterus und Erythromachus), sowie ein mit kurzen Flügeln versehener, nur selten sich in Flug setzender Reiher (Ardea megalocephala) (Fig. 46 rechts). Derartige fast wehrlose Geschöpfe wurden nicht von fleischfressenden Tieren beunruhigt, welche letzteren den Maskarenen fehlten. Die Dronte soll übrigens nach alten Berichten auch auf Réunion existiert haben, indessen ist es bis jetzt noch nicht gelungen, auf der letzterwähnten Insel Reste des Tieres aufzudecken. Da sein Fleisch sehr wohlschmeckend und es selbst nicht im stande gewesen ist, seinen Feinden zu entschlüpfen, so war seine Ausrottung nach verhältnismäßig kurzer Zeit vollbracht. Mit der Dronte verschwanden die übrigen absonderlichen Vögel der Maskarenen. Ihre Eier und Brutvögel wurden von den schon frühzeitig überhandnehmenden verwilderten Schweinen vertilgt, so daß ein Nachwuchs nicht aufkommen konnte.

Gegenwärtig ist auf Mauritius eine Atzelart, der Mino (Gracula religiosa), ein tiefschwarz gefärbter, metallisch glänzender, mit hochgelben Hautwülsten hinter den Ohren versehener Vogel verbreitet, er nistet in der S. 131 erwähnten Acacia heterophylla, und hält sich vielfach in den Zuckerplantagen auf. Auch soll ein insektenvertilgender Staar (Acridotheres tristis) eingeführt sein. Außerdem existieren Papageien (Palaeornis), Arten der Fliegenschnäpper, der eßbare Nester bauenden Schwalben (Collocalia), endlich Raupenwürger (Oxynotus). Eine Taube (Alectroenas) ist seit etwa 39 Jahren ausgestorben.

Unter den Eidechsen finden sich Geckonen und zwar Halbzeher (Hemidactylus), dann eine auch in Australien vertretene Gattung (Peropus), sowie eine dieser letzteren Welt ebenfalls angehörende Art Cryptoblepharus. Man hat die fossilen Reste mehrerer Schildkrötenarten aufgedeckt. Schlangen fehlen. Unter den hier vorkommenden Fischen sind namentlich die Aale des Grand Bassin merkwürdig. Sie sollen eine sehr beträchtliche Größe erreichen und Badende gefährden! Pike erzählt von einem hier vorkommenden Meeraal, welcher über zwölf Fuß lang sein und von den Fischern sehr gefürchtet werden soll. Unter den Insekten machen sich die Moskiten, die Skorpione, Tausendfüße, die vielen Ameisen und eine der südamerikanischen Cucaracha nahe verwandte, große Schabenart (Blatta ferruginea) in sehr unangenehmer Weise bemerkbar. Ein Insekt, dessen wissenschaftlicher Name dem Verfasser unbekannt geblieben ist, bohrt die Zuckerrohrstengel an und vernichtet deren zuckersafthaltiges Mark. Dies Insekt soll ursprünglich aus Ceylon stammen, wo dasselbe schon ungeheure Verwüstungen angerichtet hat.

Die Bewohner sind großenteils französische Kreolen, englische Beamte und deren Familien, freie Schwarze, eingewanderte malabarische Kulis oder Arbeiter, einige Chinesen und Bastarde aller möglichen Hautschattierungen. Die Einfuhr resp. Einwanderung der Kulis ist von seiten der englischen Regierung strenge geregelt. Die Pflanzer dürfen nach erteilter Erlaubnis ihres Gouvernements durch eigene Vertreter in Indien Arbeiter anwerben lassen, deren Transport nach der Insel, deren kontraktliche Arbeitsverhältnisse, Lohn, Arbeitszeit u. s. w. obrigkeitlicher Beaufsichtigung unterliegen. Um diese zu fördern, hat je ein eigener Beamter ausdrücklich für die in einem jeweiligen Distrikt untergebrachten Kulis zu sorgen. Die freien Schwarzen aus Afrika und deren Mischlinge betreiben Kleinhandel, Handwerke, verdingen sich als Kutscher, Grooms, Köche, Auflader 2c. Die größere Zahl der Einwohner beschäftigt sich mit dem Plantagenbau. Unter den Kulturpflanzen steht obenan das von Ceylon eingeführte Zuckerrohr. Nach Copelands Darstellung sind die Zuckerpflanzungen sehr verschieden und zwar je nach ihrer Lokalität. In den Alluvialteilen der Insel wird ein Rohr nur drei Fuß von dem andern entfernt gepflanzt. Haben die Halme eine Höhe von vier oder fünf Fuß erreicht, so verschlingen sich die Blätter der nebeneinanderstehenden Reihen und das ganze Rohrfeld wird eine fest ineinander verworrene grüne Fläche. In den steinigen Teilen der Insel, wo mitunter der

Boden bei einer geringen Zumischung von Erde aus ungeheueren Steinblöcken besteht, ist die Anlage eines Zuckerfeldes immer mit ziemlicher Schwierigkeit verbunden. Die Steine werden ausgegraben und in parallel laufenden Reihen aufgerichtet; die zur Herstellung dieser endlosen Stein-Alleen erforderliche Arbeit muß sehr groß sein, denn einzelne Blöcke sind 6—8 Fuß lang. Zwischen diesen Steinmauern werden nun die Zuckerrohr-Schößlinge in Löcher, die ungefähr einen Fuß im Durchmesser halten, gepflanzt. Jeder Knoten hat alsdann Platz, seine Schößlinge auszusenden. Das Wachstum wird einerseits durch große Mengen Guano, andererseits durch die von den umgebenden Steinmauern zurückgeworfenen Sonnenstrahlen gefördert und ist, genügende Feuchtigkeit vorausgesetzt, ein sehr schnelles. In den Niederungen geschieht die Bewässerung durch kleine Kanäle. In manchen Jahren tritt eine völlige Mißernte aus Mangel an Wasser ein. In einigen Distrikten werden die überflüssigen Steine zu großen Haufen aufgetürmt, wodurch also ein nicht unbedeutender Teil des Bodens der Nutzbarkeit entzogen wird; zuweilen auch werden diese Steinansammlungen als Fundamente für die Heerstraßen benutzt, die gewöhnlich zu beiden Seiten mit Akazienbäumen bepflanzt sind.

Übrigens produziert diese schöne Insel noch viele andere, bald durch ihre Form, bald durch ihren Nutzen ausgezeichnete Gewächse. Die herrliche Fächerpalme der Maskarenen (Latania borbonica) schmückt so manches Plätzchen. Sie ist ja selbst in unserem kühlen Norden ein beliebtes Pflegeobjekt der Ziergärten und selbst der Zimmerkultur geworden. Auf Mauritius gewährt der großartige, an riesigen Ravenala-Boskets, an Seychellen-Kokospalmen, an Gruppen der berühmten Palma real (Oreodoxa regia) der Antillen so reiche botanische Garten zu Pomplemousses eine ganze Allee der Lataniapalmen. Wir hätten gern den Versuch gemacht, diese Allee nach einer gelungenen, an Ort und Stelle aufgenommenen Glasphotographie durch den Schnitt wiedergeben zu lassen, mußten aber aus technischen Gründen abstehen. Baobabs,

Tamarinden, Bambusdickichte werden an vielen Stellen beobachtet. Der brennendrot blühende Flamboyant oder Flammenbaum, eine Art Caesalpinia, ist überall häufig. Der Pandanus wuchert üppig. Unter den nutzenbringenden, fruchttragenden Bäumen findet man alle die S. 274 des ersten Bändchens beschriebenen köstlichen Erzeugnisse der Tropenländer. Die Kokospalme liefert auch hier Kopra oder Ölmark und Koïr, d. h. zur Seilerei geeigneten Faservorrat.

Auch die Viehzucht gedeiht sehr gut. Man züchtet sowohl die sich wohl anmästenden Zebus als auch die weniger gut fortkommenden europäischen Rinderrassen, ferner kleine ausdauernde Pferde, sehr gute Esel, Eselbastarde, endlich Schweine, Schafe und Ziegen. Viele dieser Haustiere werden nach Java, Sumatra, Celebes, Sansibar, Mosambique, nach den Kapgegenden und nach Madagaskar ausgeführt.

Die besseren Klassen der kreolischen Einwohner leben mit einer gewissen Aisance. Für Einführung von neuen Moden und von allerhand Luxusartikeln sorgt der rege überseeische Verkehr. Man wohnt in nettgebauten, von hübschen Gärten umgebenen Häusern, steht vor fünf Uhr morgens auf, badet und führt in der Morgenkühle die nötigsten Geschäfte aus. Man frühstückt gut, wie denn überhaupt für das leibliche Wohl und den eigentlichen, in sanitärer Beziehung mit Recht verschrieenen Luxuskonsum hier wie in anderen tropischen Kolonieen mehr als zu viel geleistet wird. Über Tags zieht man sich vor der Glut in die kühlsten Winkel des Hauses zurück. Erst bei Sonnenuntergang wagt man sich hervor und nimmt die geschäftliche Thätigkeit von neuem in die Hand. Man speist dann noch zu Abend und verbringt danach einige Zeit mit geselligen Vergnügungen, mit Musik u. s. w.

Die englischen Eingewanderten dagegen huldigen mit der ihrer Rasse eigenen Zähigkeit der heimatsüblichen Weise, suchen ihre Geschäfte während der Tageshitze zu erledigen, leben in gastronomischer Beziehung recht üppig und verfallen dabei nicht selten klimatischen, namentlich fieberhaften Leiden. Die afrikanischen Schwarzen und die Kulis leben außer ihrer Arbeitszeit fröhlich in den Tag hinein. Letztere lieben, getreu ihren indisch-arischen Traditionen, das Schauspiel, bei welchem sie viele natürliche mimische Begabung entfalten.

Die englische Regierung hat hier wie in allen ihrer Botmäßigkeit unterstehenden Kolonieen überaus viel für die Hebung der öffentlichen Wohlfahrt gethan. Die Verkehrsstraßen sind gut unterhalten und eine Reihe vortrefflicher, treu verwalteter Eisenbahnstränge sind gebaut worden. Es fehlt nicht an öffentlichen Bildungsanstalten, an Schulen selbst für die Kulis, an Bibliotheken, lehrreichen Sammlungen, Klubs u. s. w. Mauritius verfügt über Zeitungen und Flugblätter, deren meiste Artikel in der hier herrschenden französischen Sprache geschrieben sind, wie denn im gesellschaftlichen Leben die Litteratur des älteren Mutterlandes als tonangebend gilt. Das Englische wird nur in den Bekanntmachungen und Verordnungen der Regierung, vor Gericht und in den englischen Familien gebraucht.

Die Insel enthält 1914 Quadratkilometer Flächeninhalt und nach der Schätzung von 1881: 359 874 Einwohner, darunter 2370 Franzosen und französische Kreolen, 3558 Chinesen und 3558 indische Kulis.

Der Handel dreht sich um die Ausfuhr von Zucker, Vanille, Aloëfasern, Kopra, Rum, Häuten, einigen Droguen, Kalk, Kaffeesäcken, lebendem Vieh, getrockneten Fischen und einigen Früchten, sowie um die Einfuhr von Steinkohlen, Kaffee, Thee, Tabak, Thran, Getreide, Guano, Wein, Wollen- und Baumwollenstoffen, Porzellan, Glassachen, Öl, Seife, Salz, Eisen und anderen nutzbaren Metallen, von Papier, kleinen Galanteriewaren u. s. w.

Hauptorte der Insel sind Port Louis an der Nordwestküste mit gegenwärtig gegen 30 000 Einwohnern und Mahébourg oder Grand Port an der Südostküste. Hier herrscht überall reges Treiben (Fig. 47, 48). Mauritius ist bekanntlich der Schauplatz von Bernardin de St. Pierre's lieblicher, leider so tragisch

Fig. 47.

Port Louis.

endender Idylle: Paul et Virginie Noch heute zeigt man zu Pomplemousses ein aus Kalk und gebranntem Thon aufgeführtes, vom Bambus beschattetes Denkmal, unter welchem nach einer nicht verbürgten Sage, die Reste der beiden Liebenden ruhen sollen.

B. Die Insel Réunion.

Früher Ile de Bourbon genannt, befindet sie sich seit 1644 im Besitze der Franzosen. Vorübergehend, 1810—1815, gehörte sie den Engländern. Auch diese maskarenische Insel ist vulkanischen Ursprunges. Als erloschener Feuerberg gilt mit Recht der im NW. belegene Piton de Neige. Kersten bestimmte dessen Höhe zu 8000 Fuß ü. d. M. Der Piton de la Fournaise erhebt sich im SO. der Insel, ist nach Berth über 7000 Fuß hoch und noch immer thätig. Im Westen und im Innern von Réunion zeigt sich Basalt an verschiedenen Stellen. Nach Kersten dehnen sich zwischen den erwähnten Hauptbergen weite, durch Kämme und Abfälle unterbrochene Hochebenen aus, von denen das Land sich gegen die See absenkt, hier allgemach, dort jäh, an anderen Stellen wieder in Absätzen oder Terrassen. Eine ganz eigentümliche Erscheinung, wie man sie auch auf anderen größeren Vulkaninseln findet, bieten die ungeheuren kesselförmigen Thäler und Schluchten, sowie die steilen, fast senkrechten Abstürze dar, welche das höhere Land von dem niederen trennen. Um den Piton de Neige, den Grand Bénard, Cilaos, Salazie und den Cirque de la rivière des galets her öffnen sich geschlossene Kessel mit einem schmalen, schluchtähnlichen Ausgang nach der See zu. Sie werden durch jäh abfallende, schmale Rücken voneinander getrennt. Diese und andere Depressionen des Inselbodens scheinen dem Einsturz einer durch vulkanische Ausbrüche unterhöhlten Decke ihre Entstehung zu verdanken. Im festen vulkanischen Gestein öffnen sich zahlreiche Klüfte und Rinnen, welche während der Regenzeit zu tosenden, alles mit sich fortreißenden Wild=

Fig. 48.

Straßenscene in Port Louis.

bächen anschwellen. Überall treten ältere Coulées, Lavaströme, zum Vorschein, so z. B. der Grand Brulé de St. Rose. Sie sind teilweise von üppiger Vegetation überwuchert. Im Innern der Insel, nicht weit vom Flecken Hellbourg, befindet sich die 0,12% kohlensaure Natron, Magnesia und Kalk enthaltende, 26° R. erreichende, stündlich 225 bis 350 Liter spendende Therme von Salazie, jetzt ein mit gewissem Komfort ausgestatteter Badeort. Jenseits des Brulé de St. Paul, eines alten Lavafeldes, liegt das leidlich eingerichtete Schwefelbad Mafatte. Im Jahre 1828 wurden die Thermen von Cilaos entdeckt, sind aber erst nach der 1836—1846 erfolgten Anlage einer großartigen dorthin führenden Kunststraße zugänglich geworden. Lavahöhlen zeigen sich häufig. Kersten denkt sie sich wohl mit Recht dadurch entstanden, daß auf Lavaströmen die Kruste früher erkaltet, unter ihr aber die zähflüssige Masse weitergelaufen sei und daß sich so unter der zurückbleibenden Kruste Höhlen gebildet hätten. Etwa dreitausend Fuß über Salazie befindet sich die Source pétrifiante, die versteinernde Quelle, in welcher sich die verschiedenartigsten Gegenstände binnen kurzer Zeit mit einer Sinterschrift überziehen. Es sollen hier auch noch andere derartige Quellen vorhanden sein. Réunion ist bis auf einige Stellen im Südosten frei von Korallenriffen.

Die Insel zerfällt in einen heißen, trockenen, inneren Teil und in einen den Winden und Niederschlägen ausgesetzten Abschnitt. Nicht selten wird dieses Ländchen durch die Raz de Marée heimgesucht, d. h. durch Springfluten, welche manchmal von weitab vorübertosenden Stürmen aufgewühlt werden. Sie entwickeln sich hauptsächlich zwischen April und November. Das ist zwar hier die bessere Jahreszeit, es giebt dann aber am Kap viele und recht heftige Wehen. Vom November bis März tosen manchmal furchtbare Wirbelstürme.

Réunion ist eine malerisch-schöne Insel und bietet köstlichere Szenerieen dar, als so manche „Perle der Südmeere". Sehr üppig ist die hiesige Pflanzenwelt entwickelt. Du Petit

Thouars fand 200 nicht auf Mauritius vertretene Pflanzenarten, wogegen 300 Arten beiden Maskarenen gemeinsam waren. Der gemischte Wald enthält schöne große Bäume, ferner viele Baumfarn, prächtige Fächerpalmen (Latania borbonica) und Arekapalmen. Von den letzteren giebt es nach Kersten drei Arten, le palmiste blanc, rouge et épineux (Areca alba, rubra, crenata), deren Kohl genießbar ist, die aber auch, um sich dieses Gemüses versichern zu können, auf schonungslose Weise gefällt und dadurch der Ausrottung preisgegeben werden müssen. Eine Art, le palmiste poison (Areca lutaceus) soll giftig sein. Über dem Mischwalde dehnt sich ein vollständiger, den Einwohnern zur Höhenbestimmung verhelfender Gürtel von Calumets, Bambusrohr (Nastus borbonicus) aus, dessen Halme mehr als 15 Meter Höhe erreichen. Dieselbe Art wird auch auf Madagaskar und auf Sumatra beobachtet. Übrigens existiert auf beiden Maskarenen und auf Madagaskar noch eine andere 6 bis 9 Meter hohe Art (Bambusa Thouarsii). Oberhalb dieses Gürtels, bei 4800 Fuß, entfaltet sich die Region der Ambavilles des hauts, dichte Gebüsche und kleinere, schon nach Art eines Krummholzes wachsende Bäume, unter denen der Tamarin des hauts (Acacia heterophylla, S. 131), ferner Hubertien, Hypericineen, Seriphien, Krautfarn und eine niedrige Schraubenpalme (Pandanus montanus) bemerkbar werden. An den Zweigen dieser Bäume haften selbst noch bei über 6000 Fuß Höhe, tropische Schmarotzerpflanzen, wie Orchideen, Loranthus und Pigmaceen.

Die Tierwelt ist wenig hervorragend. Einen guten Ertrag gewährt die hiesige Fischbrut. Besonders zur Zeit der Tag= und Nachtgleiche bringen Myriaden junger Fischchen in die Flußmündungen hinein und schwimmen stromaufwärts in dichten manchmal über 1 Kilometer Länge erreichenden Zügen. Die Brut gehört mehreren Spezies an, besonders aber einer Béchique, Bischick genannten Gobius=Art. Sie gehen aus den, einen großen Teil des Jahres hindurch sehr seichten Wasserabflüssen der Insel ins Meer und setzen hier, in Nähe der Mündungen, ihren Laich ab. Sowie nun die Brut erscheint, gehen hunderte von Menschen ins Wasser, um die Tierchen mit Netzen, Säcken, Tüchern und sogar Schürzen zu fangen. Die Beute wird in große runde Weiden- oder Bambuskörbe gethan und als Delikatesse in den Ortschaften verkauft.

Früher wurde Réunion außerordentlich von Heuschrecken geplagt, bis Poivre im Jahre 1765 die Staare, Martins (Acridotheres tristis), von den Philippinen einführte. Durch sie sind die Insekten zum guten Teile vertilgt worden. Als Kersten in der Gegend von St. Denis auf die Kerfjagd ging, bekamen er und seine Begleiter Käfer und dergleichen selten und nur an geschützten Stellen, in Holz und unter Steinen zu Gesicht.

Die Bewohner von Réunion sind zum großen Teil französische Kreolen, vom Mutterlande aus eingewanderte, auch hier angestellte National-Franzosen, einige Europäer anderen Stammes, afrikanische Schwarze, Madagassen, indische Kulis, Chinesen, Malayen, Araber und Mischlinge. Die Kreolen sind körperlich wohl entwickelt, frühreif, lebhaft, intelligent und entgegenkommend. Unter den ehemaligen, 1848 freigewordenen afrikanischen Sklaven befinden sich viele Stämme der Ostküste vertreten, selbst die Bd. I, S. 294 erwähnten Makoaba.

Man beschäftigt sich mit dem Anbau von Kaffee, Zuckerrohr, Gewürznelken, Vanille, Muskatnüssen, Kakao, Erdnüssen, Tabak u. s. w. Ein eigentümliches Erzeugnis sind der Bohea-Thee (Thea Bohea), sowie ein aus Angraecum-Blättern gewonnener, aromatischer Theeaufguß (Thé de l'Ile de Bourbon). Die Banane erreicht hier sowie auf Mauritius eine seltene Entwickelung und spendet die kostbarsten Früchte. Außerdem gedeihen sehr schöne Melonenbäume (Carica Papaya) (Fig. 49), deren Früchte bereits im I. Bande, S. 274 geschildert wurden, ferner Brotfruchtbäume, Mangos, Orangen, Ananas, Datteln u. s. w. Die hiesigen Fruchthändler, zum Teil malabarische Einwanderer oder seßhaft gewordene Kulis, finden Gelegenheit, eine Fülle der schönsten Garten- und Feldprodukte auszustellen (Fig. 50). Die

Fig. 49.

Melonenbaum.

privaten und öffentlichen Anlagen strotzen von den blühenden
Caesalpinien, von Filaos oder Schachtelhalmbäumen (Casuarina
lateriflora), von Poinsettien mit purpurroten Deckblättern,
von groß- und gelapptblättrigen Astrapaeen, Pandanus, Cycas
u. s. w.

Die Einfuhr und Behandlung der Kulis ist auch hier unter
Obhut der Behörden gestellt. Nichtsdestoweniger hat, wie uns
F. Robert kennen lehrt, schon seit Jahren die englische Regie=
rung Klagen über die angeblich so schlechte Behandlung der
Kulis durch die Pflanzer dieser Insel geführt, im Jahre 1880
sogar damit gedroht, die Kuliausfuhr nach Réunion gänzlich
verhindern zu wollen. Die französische Kolonie würde dadurch,
wie unser Gewährsmann meint, wegen Mangels an Arbeits=
kräften, — welcher sich ohnehin fühlbar macht — gänzlich rui=
niert, die englische Kolonie Mauritius dagegen würde von einer
gefährlichen Rivalin befreit werden. Hier würde also wieder „die
englische Humanität mit dem britischen Interesse Hand in Hand
gehen".

Übrigens muß man es der französischen Regierung zum
Lobe anrechnen, daß sie sich um das Wohl dieser ihrer Kolonie
eifrig bemüht hat. An der Spitze steht ein Gouverneur, welchem
ein Kolonial=Konseil beigegeben ist. Trotz der ungeheuren na=
türlichen Terrainschwierigkeiten sind eine Anzahl von Kunst=
straßen gebaut, zu deren Herstellung allerdings der großartige
und energische Gemeinsinn der zwar leichtlebigen, aber auch hoch=
intelligenten Bevölkerung die Hauptsache geleistet hat. Selbst
Eisenbahnbauten sind in Angriff genommen. Es fehlt hier nicht
an naturgeschichtlichen Museen, an der allgemeinen Bildung die=
nenden Vereinen, an wissenschaftlichen und politischen Veröffent=
lichungen. Der in den Händen einer gerade hier hochachtbaren
apostolischen Geistlichkeit ruhende Jugendunterricht wird mit
Liebe gepflegt und bewegt sich auf der Höhe der Zeit. Von
seiten der weltlichen wie auch der geistlichen Behörden und
privaten Vereinigungen wird nichts verabsäumt, was der öffent=

Fig. 50.

lichen Wohlfahrt, der Witwen- und Waisenverpflegung, dem Hospital- und Rettungswesen irgendwie von Nutzen sein könnte. Dies wird von unserem Landsmann Kersten und von anderen mit großer Wärme anerkannt.

Réunion hat 1979,5 Quadratkilometer Flächeninhalt und 176648 Einwohner, d. h. 89 derselben auf einen Quadratkilometer. Die Insel zerfällt in zwei Arrondissements und in vierzehn Gemeinden.

Die Ausfuhrartikel begreifen rohen und raffinierten Zucker, Vanille, Dünger, Kaffee, Orseille, Reis, Häute, Ochsenhörner, Kakao, Gewürznelken, Kautschuk, neuseeländischen Flachs, Holz, Rum, sowie etwas gedörrte und gesalzene Fische. Die Einfuhr umfaßt Liköre, Bier, Weine, Seiden-, Baumwollen- und Wollenzeuge, Metalle und Metallgeräte, Maschinen, Quincaillerien, Seife, fertige Kleider, Papiere, Porzellan- und Glasware, Chemikalien, Mehl, Butter, Käse, Salz, Fleisch, Stockfisch, Sardinen, Petroleum u. s. w. Übrigens wird über schlechte Ernten und stockende Geschäftsverhältnisse geklagt.

Hauptort der Insel ist St. Denis an der Nordküste mit offener Rhede. Die Stadt erstreckt sich am rechten Ufer der Rivière de St. Denis etwas amphitheatralisch und hat gegen 40000 Einwohner. St. Paul auf der West- und St. Pierre an der Südsüdwestküste sind unbedeutender an Häuser- und Einwohnerzahl. Zu St. Gilles an der Westküste südlich von St. Paul befindet sich eine neuere Hafenanlage.

C. Rodriguez

liegt etwa sechzig Meilen östlich von Mauritius entfernt. Die Insel ist nach F. G. Hahn's kritischer Darstellung vulkanischen Ursprunges. Ihr Hauptgebirge erreicht etwa 395 Meter Höhe. An ihm lassen sich viele Erosionsrinnen und alte Lavaströme erkennen, zwischen welchen letzteren Schichten von Asche, Schlacken oder farbigem Thon lagern. Um diese Hauptinsel her zeigen sich auch viele kleinere Eilande, unter denen acht vulkanisch, die andern aber aus Korallenkalk und Sand aufgebaut sind.

Der Boden von Rodriguez ist an sich äußerst fruchtbar. Im Jahre 1691 entwarf Leguat eine bestechende Schilderung von dem Pflanzenreichtum dieser Insel. Diese alte Flora ist aber durch Waldbrände, sowie durch weidende Rinder und Ziegen großenteils vernichtet worden und zeigt sich nur noch an einigen Stellen. Dagegen haben sich eine nicht unbeträchtliche Zahl neuer Pflanzen eingebürgert. So hat sich ein unnützliches Gewächs (Lucaena glauca) seit 30 Jahren weit verbreitet. Übrigens zeigt Rodriguez in so recht offenkundiger Weise, welchen relativ schnellen Veränderungen eine Fauna zu unterliegen vermag. Leguat fand hier noch die Einsiedler, Solitaires, merkwürdige, taubenähnliche Vögel von der Größe einer Gans, unfähig zu fliegen (Fig. 46), ferner Wasserhühner, Reiher, Eulen, Tauben, große Papageien und Sperlinge. Jetzt finden sich daselbst nur noch wenige Tauben und einige Papageien, welche mit der erwähnten großen Art Leguats nicht übereinstimmen. Menschenhand hat hieran wie zum Teil auch an den Waldbeständen ihre verwüstende und verödende Macht geübt.

Die Insel besitzt 275 Quadratkilometer Flächeninhalt und gegen 1500 Einwohner. Letztere sind Europäer, Schwarze, indische Kulis und Mischlinge, ein nur wenig rühriges Geschlecht. Das Eiland bringt Reis, Weizen, Mais, sowie gutgebildete Rinder hervor. Die Einwohner beschäftigen sich auch mit Schildkröten-, Fisch- und Austernfang. Sie stehen unter dem Regiment eines vom Gouvernement Mauritius resortierenden Police-Magistrate. Neuerdings hat man vorgeschlagen, aus dieser wenig oder gar nicht ergiebigen Besitzung ein Strafetablissement für verbannte Verbrecher zu bilden.

Register.

Abreu, Gomez Joao 49.
Ackerbau und Viehzucht der Madagassen 64.
Ackerbau und Viehzucht der Insel Réunion 144.
Alaotra-See 3, 110.
Albuquerque, Alfonso d' 49.
Aldabra, Insel 104, 112.
Allan, Dr. 2.
Ambar, Gebirge 5.
Ambata Maluin 51.
Ambatomitatao, Berg 5.
Amber, Kap 2.
Ambondrombe Berg 72.
Anjuan, Insel 113, 125.
Ankaratra, Gebirge 4.
Antalaha, Stadt 2.
Antananarivo, Stadt 73.
Antongil-Bai 2.
Anurutsangane, Halbinsel 3.
Augustin, St., Insel 2.
Bara, Volk 100.
Beamte der Howa 82.
Behosi, Stamm 102.
Bembatok-Bai 93.
Benjowski, Graf 50.
Betsiboka, Fluß 3.
Betsileo, Land 100.
Betsimisaraka, Volk 101.
Bewohner von Mauritius 135.
— von Réunion 144.
— der Seychellen 109.
Celebes, Insel 2.
Chagos, Archipel 2.
Coco do Mar, Palme 106.
Coffin, Insel 1.
Commerson, Reisender 102.
Copeland, Reisender 130.
Cousins, Missionär 102.
Crawfurd, Reisender 43.
Cunha, Tristao da 49.

Dahle, Reisender 72.
Dahome, Land 80.
Darwin, Charles 104, 114.
Decken, v. d., Baron (Reis.) 77, 117.
Dufferin, Lord, Reis. 113.
Ehe der Howa 67.
Eingewanderte auf den Inseln Komoren 121.
Ellis, W., Missionär 82.
Fauna von Madagaskar 17.
Fereira, Rodrigo 49.
Fiherenane, Katarakt 1.
Finsch, Otto, Reisender 44.
Foulpoint, Ort 1.
Gastmahl bei Hofe 80—82.
Gestein der Komoren 113.
Gerichtsverfahren der Madagassen 74.
Grand Brulé de St. Rose 142.
Grandidier, Reisender 3.
Großkomoro, Insel 113.
Hahn, F. G. 1, 148.
Hamelin, Kommodore 50.
Handel von Madagaskar 86—90.
Handel von Réunion 148.
Hildebrandt, J. M., Reisender 6, 10, 93, 115.
Howa, Stamm 52—58.
Ikongo, Stamm 101.
Imerne, Provinz 51.
Isles de Labourdonnaye 104.
Jan Meyen, Insel 113.
Itasy, See 4.
Iwohibe, Stadt 101.
Iwoko, Berg 4.
Jatsifitra, Vulkan 5.
Jowana, König 101.
Kalio, Stamm 102.
Keeling, Inseln 2.
Kimos, Volk 102.
Kisuaheli, Sprache 100—118.
Kitando, Ort 124.

Klima von Mauritius 130.
— der Komoren 114, 124.
— — Seychellen 105.
Klöden, G. A. v., Geograph 116.
Komoro, Groß=, Insel 113, 124.
— Bewohner 117, 118—121.
Labourdonnaye, Mahé de 104.
Lacaze, Reisender 79.
Lamba, Kleidungsstück 57.
Louquez, Port 6.
Madagaskar, Insel 1, 65.
Mafatte, Bad 142.
Mayotte, Insel 113, 125.
Makambitra, Bucht 2.
Makua, Sklaven 110.
Mansindrano, Insel 2.
Marco Polo, Reisender 49.
Marie, St., Kap 1, 2.
Matantra, Geist 72.
Mauritius, Insel 126.
Mawelona, Insel 2.
Mdjini, Ort 124.
Modave, Reisender 102.
Mohammed, Ben Riffa, Hakem 117.
Moharri, Kap 117.
Moheli, Insel 124, 113.
Mojanga, Gegend von 102.
Mosambique, Kanal 1, 117.
Mroni, Ort 124.
Nahrung der Madagassen 63.
Nossibé, Ansiedlung 93.
—, Insel 5.
Panazudoha, Fetischpriester 74.
Pandanus, Palme 7.
Pasandawa, Bai 2.
Peake, Missionär 101.
Pelly, Reisender 104.
Peschel, O., Geograph 1.
Pflanzen der Komoren 114.
— von Madagaskar 6—17.
— der Seychellen 105—109.
— von Mauritius 131.
— von Réunion 142.
Pieter Botte, Berg 126.
Piton de la Montagne, Berg 128.
Pointe Larrée, Gegend 51.
Pole, Reisender 130.
Port Louis, Stadt auf Mauritius 138.
Praslin, Herzog von 50.
Prior, James, Reisender 20.

Radama, König 45.
Ranawalona I, Königin von 45.
Rafarla, Kommandant 51.
Raikeli, General 51.
Rasoherina, Königin 46.
Religion der Howa 70.
Richardson, Reisender 110.
Robert, F. 146.
Rodriquez, Insel und deren Bewohner 148.
Sago=Palme 7.
Sakalawa, Stamm 90.
Sitten und Gebräuche derselben 95—100.
Schoell, Oberst 51.
Schulz, Dr. Aurel 69.
Seychellen=Inseln 1.
Seychelles, Hérault des 104.
Shaw, R. 72, 102.
Sibree, Missionär 3, 82, 100.
Sihanaka, Volk 101.
Sikidi, Wahrsagerin 72.
Souillac, Kommandant 50.
Soarez, F. 104.
Soarez, Dom Ferd. 46.
Sprache der Howa 66.
St. Denis, Hauptort der Insel Réunion 148.
Strychnos, Baum 7.
Taimoro, Stadt 101.
Tamatawe, Stadt 2.
Tanala, Waldleute 101.
Tankai, Volk 101.
Tierwelt von Komoren 116.
— — Madagaskar 17—41.
— — Mauritius 131—135.
— — Réunion 143.
Toakka, Zuckerrohrsaft 97, 101.
Tod der Howa 78.
Urbewohner von Madagaskar 102.
Vergehungen der Howa 71.
Viehzucht auf Mauritius 137.
Vinson, Reisender 6.
Virchow, R. 93.
Waffen der Madagassen 59.
Wallace, Forscher 104.
Wazimba, Volk 102.
Wohemare, Stadt 52.
Wohnungen, die, der Magagassen 60.
Westküste, die, von Madagaskar 100.

Verzeichnis der Abbildungen.

Titelblatt: Ravenala-Gruppe, nach einer Aquarelle von R. Hartmann.

Fig.
1. Wakoa, nach einer Aquarelle von R. Hartmann.
2. Uwiranbrona, nach Ellis.
3. Angraecum sesquipedale, desgl.
4. Raphia-Palmen, nach Le Tour du Monde.
5. Lemur diadema, nach Grandidier.
6. Eichhornmaki, nach einer Aquarelle von R. Hartmann.
7. Dessen rechte Hand, desgl.
8. Lepilemur mustelinus, nach Pollen.
9. Frettkatze (Cryptoprocta ferox) nach einer Aquarelle von R. Hartmann.
10. Sohle eines Vorderfußes der Frettkatze, nach Milne-Edwards und Grandidier.
11. Potamochoerus Edwardsii, nach den Proceedings of the Zoologic. Society of London.
12. Kleines Flußpferd von Malta nach Adams und gemeines Flußpferd nach einer Photographie.
13. Eutriorchis Astur, nach den Proceedings etc.
14. Köpfe des mabagassischen Krokodiles von der Seite und von oben, desgl.
15. Eine Königin der Howa, nach The Graphic.
16. Howa-Offizier, nach Ellis.
17. Junges Howa-Mädchen, nach einer Aquarelle von R. Hartmann.
18. Männliche Howa-Trachten, nach Ellis.
19. Geflochtene Kappe, nach R. Hartmann.
20. Madagassische Offiziere, nach The Graphic.
21. Madagassische Lanze, nach einer Aquarelle von R. Hartmann.
22. Schild der Betsimsara, desgl.
23. Madagassische Axt, desgl.
24. Madagassische Häuser, nach A. d'Hastrel.
25. Audienz einer britischen Gesandtschaft vor der Howa-Königin zu Antananarivo, nach Ellis.
26. Baumsteg auf Madagaskar, nach Le Tour du Monde, 1861.
27. Tamatawe, noch The Graphic.
28. Straßenszene in Tamatawe, nach Ellis.
29. Filanjana, nach Jedina.
30. Antananarivo, nach The Graphic.
31. Bai von Bembatok, desgl.
32. Nossibe, desgl.
33. Sakalawa, nach einer Photographie.
34. Füße eines solchen, desgl.
35. Haartracht eines dem Bechuana-Volk angehörenden Mantati (Südafrika) nach einer Photographie von G. Fritsch.
36. Sakalawa-Frau, nach Pollen.
37. Madagassische Schmiede, nach einer Aquarelle von R. Hartmann.
38. Handtrommel aus Bambusrohr, desgl.
39. Jüngere Lodoicea Seychellarum, desgl.
40. Deren Früchte, desgl.
41. Kokospalme.
42. Mann von Anjuan, nach einer Photographie von O. Kersten.
43. Der Berg Pieter Boot, nach Erny in Le Tour du Monde, 1863.
44. Le Piton de la Montagne, desgl.
45. Der Souffleur oder Spouting Rock, nach The Graphic.
46. Vertreter der alten maskarenischen Vogelwelt, nach Strickland und Dana.
47. Port Louis, nach Erny.
48. Straßenszene in Port Louis, nach The Graphic.
49. Melonenbaum, nach einer Aquarelle von R. Hartmann.
50. Malabarische Fruchtverkäuferin, nach einer Photographie.

Karte von Madagaskar und den benachbarten Inseln.